송상엽

지은이 송상엽은 대학에서 일어일문학을 전공하였으며, 국내 유수 기업체는 물론 어학원에서 수년간의 강사 경험을 바탕으로 일본어 교재 전문기획 프리랜서로 활동하고 있다. 지금은 랭컴출판사의 편집위원으로서 일본어 학습서 기획 및 저술 활동에 힘쓰고 있다.

독학, 일본어 초급2 따라쓰기

2024년 09월 20일 초판 1쇄 인쇄
2024년 09월 25일 초판 1쇄 발행

지은이 송상엽
발행인 손건
편집기획 김상배, 장수경
마케팅 최관호, 김재명
디자인 Purple
제작 최승용
인쇄 선경프린테크

발행처 *LanCom* 랭컴
주소 서울시 영등포구 영신로34길 19, 3층
등록번호 제 312-2006-00060호
전화 02) 2636-0895
팩스 02) 2636-0896
홈페이지 www.lancom.co.kr
이메일 elancom@naver.com

ⓒ 랭컴 2024
ISBN 979-11-7142-053-7 13730

이 책의 저작권은 저자에게 있습니다. 저자와 출판사의 허락없이
내용의 일부를 인용하거나 발췌하는 것을 금합니다.

독학

따라쓰기만 해도 혼자서 일본어를 할 수 있다!

일본어 초급 2 따라쓰기

송상엽 지음

Language & Communication

들어가며

1. 직접 문장을 쓰면서 일본어 초급 2단계를 마무리할 수 있습니다

일본어 공부는 쓰기로 완성된다는 말도 있는 것처럼 쓰기는 굉장히 중요합니다. 이 책에서는 각 UNIT의 패턴 문장마다 따라쓰기는 물론 직접 써볼 수 있는 공간을 마련했습니다. 눈으로 보고 귀로 듣는 것보다 손으로 직접 쓰는 것을 우리의 뇌가 훨씬 더 오래 기억한다는 것은 누구나 다 아는 사실입니다. 따라쓰기로 시작된 일본어는 어느새 수동적인 일본어 학습자를 능동적인 일본어 학습자로 바꾸어 자신의 생각을 자연스럽게 일본어로 표현하게 합니다.

2. 초급자가 알아야 할 기본적인 문법만 익힙니다

이 책은 일본어를 처음 배우거나, 배우다가 중도에 포기하신 학습자를 위한 신개념 왕초보 첫걸음 책입니다. 일본어 초급자가 반드시 알아야 할 기초문법에 근거하여 활용어(동사, 형용사, 형용동사 등)를 중심으로 차근차근 학습할 수 있도록 단계별로 구성하였습니다. 따라서 이 책은 일본어 문장을 이해하고 만드는 데 꼭 필요한 기본적인 어법 활용을 아주 쉬운 예문으로 정리해 두었습니다.

3. 간단한 문법 설명과 문장을 문형화하여 체계적으로 기억합니다

기본 문장에 들어가기 전에 문법 설명을 두어 먼저 일본어 문장을 이해하는 데 도움이 되도록 하였습니다. 또한 일본어 각 품사의 어미활용을 문형으로 공식화하여 긍정문과 부정문, 의문문 등 변형된 문장의 형식들을 쉽게 이해할 수 있도록 했습니다.

4. 대화문을 통해 기본 문장을 응용할 수 있습니다

각 유닛마다 주어진 문법 패턴을 활용하기 위한 기본 문장을 6개씩 두어 충분히 이해할 수 있도록 하였습니다. 기본 문장을 충분히 연습한 다음 맞쪽에 있는 생생하고 자연스런 대화문을 통해 일상생활에서도 바로 응용할 수 있도록 하였습니다. 보고 듣고 쓰고 말하기를 꾸준히 반복하다 보면 다양한 문장 유형들을 빠르게 익힐 수 있고, 읽기 능력과 말하기 능력도 함께 향상됩니다.

5. 일본인 발음을 통해 정확한 발음을 익힙니다

일본어 발음은 음절 수가 별로 많지 않기 때문에 비교적 다른 외국어에 비해 쉽다고 할 수 있습니다. 하지만 정확한 발음은 일본인의 녹음을 반복해서 듣는 것이 제일입니다. 이 책에서는 각 유닛마다 큐알코드를 두어 즉석에서 바로 동영상을 통한 일본인의 정확한 발음을 들을 수 있도록 하였습니다. 물론 본사(www.lancom.co.kr)에서 무료로 제공하는 녹음파일을 다운받아 충분히 활용할 수 있습니다.

일러두기

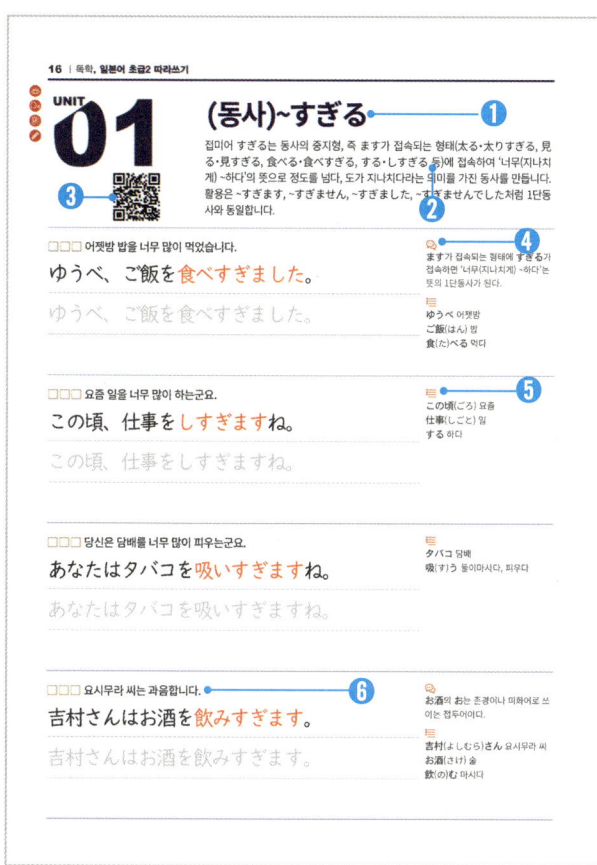
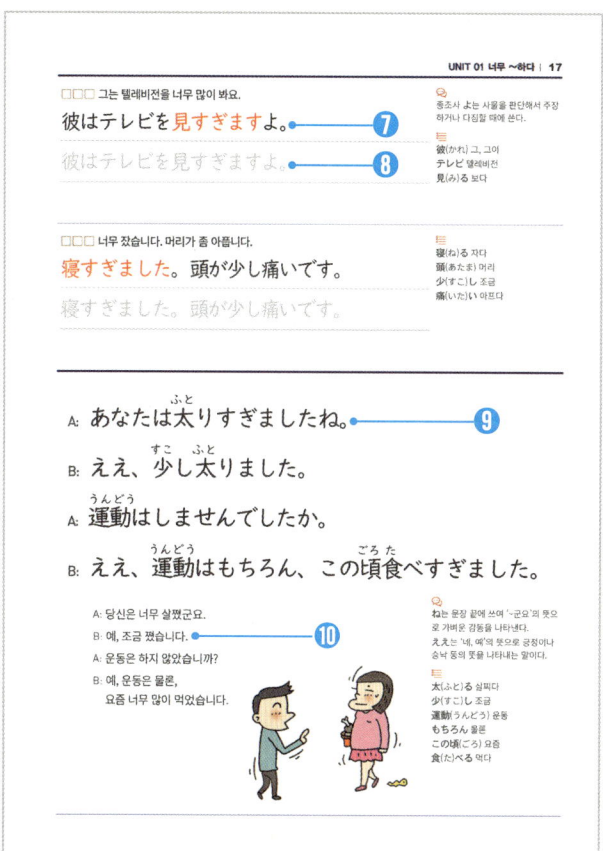

❶ 각 UNIT에서 배우게 될 내용을 제목으로 하였으며, 일본어 초급 1단계에서 익혀야 할 문법을 차근차근 단계별로 구성하였습니다.

❷ 각 UNIT에서 배우게 될 어법을 패턴 드릴에 들어가기 전에 친절하게 해설을 두어 초급자 누구나 쉽게 이해할 수 있습니다.

❸ 스마트폰 카메라로 QR코드를 체크하면 동영상으로 일본인의 음성이 나옵니다. 큰소리로 따라읽으면서 정확한 발음을 익히길 바랍니다.

❹ 각 패턴의 문장마다 필요한 어법 설명을 간략하게 두어 완벽하게 내용을 다시 확인할 수 있습니다.

❺ 문장에 나오는 단어를 뜻과 함께 정리하였으며, 한자의 경우 요미가나(읽기)를 모두 풀이하였습니다.

❻ 모든 패턴은 일본어보다 우리말 뜻을 먼저 두어 문장을 한눈에 파악할 수 있습니다.

❼ 일본어 문장은 각 UNIT에서 배우게 될 내용과 수준에 맞는 쉬운 문장으로 구성하였습니다. 색으로 표시된 부분은 제목으로 제시된 어법 예시입니다.

❽ 주어진 문장은 먼저 따라쓰기를 할 수 있습니다. 따라쓰기를 마친 다음 큰소리로 읽으면서 쓰기에 도전할 수 있도록 빈줄을 마련했습니다.

❾ 패턴 드릴을 통해 배운 어법을 실제 대화에서는 어떻게 응용되는지 자연스러운 대화문을 통해 다시 확인할 수 있습니다.

❿ 대화문의 우리말 해석을 바로 확인할 수 있도록 그 밑에 두었습니다. 옆에는 대화문에 나오는 어법과 단어를 두어 문장 이해를 돕도록 했습니다.

□□□ 일본어는 쓰기가 답이다!
1. 적혀 있는 그대로 읽으면서 따라쓰다.
2. 일본인의 정확한 발음을 들으면서 쓴다.
3. 문장을 최대한 머릿속에 떠올리면서 쓴다.

이 책의 내용

PART 01 여러가지 접속표현

- 01 (동사)~すぎる 16
- 02 (형용사·형용동사)~すぎる 18
- 03 (동사)~ながら 20
- 04 (동사)~たい 22
- 05 (동사)~たがる 24
- 06 ~でも ~ましょう 28
- 07 いくら ~ても[でも] 30
- 08 ~から ~まで 32
- 09 ~より ~[の]ほうが~ 34
- 10 ~の中で、いちばん 36
- 11 (명사)~になる 40
- 12 (형용사)~くなる 42
- 13 (형용동사)~になる 44
- 14 (형용사)~くする 46
- 15 (명사·형용동사)~にする 48

PART 02 동사의 て형

- 01 (1단동사)~て 56
- 02 (5단동사)~いて[で]·して 58
- 03 (5단동사)~って 60
- 04 (5단동사)~んで 62
- 05 して·きて / ~って 64
- 06 (동사)~ている 68
- 07 (동사)~ている 70
- 08 (동사)~てある 72
- 09 (동사)~てある 74
- 10 (동사)~ておく 76

11 (동사)~てから	80
12 (동사)~てみる	82
13 (동사)~てしまう	84
14 (동사)~ていく	86
15 (동사)~てくる	88
16 ~から	92
17 ~(な)ので	94
18 ~(な)のに	96
19 ~(の)ために	98
20 ~(の)ために	100

PART 03 부정표현과 요구표현

01 (1단동사)~ない	108
02 (5단동사)~か·が·わ·さ·た·らない	110
03 (5단동사)~な·ば·まない / こない·しない	112
04 (형용사)~くない	114
05 (명사·형용동사)~ではない	116
06 (동사)~ないで	120
07 (동사)~なくて	122
08 (동사)~てもいい	124
09 (동사)~なくてもいい	126
10 (동사)~てはいけない	128
11 (동사)~なさい	132
12 (동사)~てください	134
13 お~ください	136
14 (동사)~ないでください	138
15 (동사)~てほしい	140
16 ~でしょう	142

🔊 히라가나와 카타카나

일본어 문자 표기에는 히라가나, 카타카나, 한자, 이 세 가지를 병용해서 사용합니다. 히라가나는 인쇄나 필기 등의 모든 표기에 쓰이는 기본 문자이며, 카타카나는 주로 외래어를 표기할 때 사용합니다. *카타카나는 별색으로 표시하였습니다.

あ ア 아 a	い イ 이 i	う ウ 우 u	え エ 에 e	お オ 오 o
か カ 카 ka	き キ 키 ki	く ク 쿠 ku	け ケ 케 ke	こ コ 코 ko
さ サ 사 sa	し シ 시 si	す ス 스 su	せ セ 세 se	そ ソ 소 so
た タ 타 ta	ち チ 치 chi	つ ツ 츠 tsu	て テ 테 te	と ト 토 to
な ナ 나 na	に ニ 니 ni	ぬ ヌ 누 nu	ね ネ 네 ne	の ノ 노 no
は ハ 하 ha	ひ ヒ 히 hi	ふ フ 후 hu	へ ヘ 헤 he	ほ ホ 호 ho
ま マ 마 ma	み ミ 미 mi	む ム 무 mu	め メ 메 me	も モ 모 mo
や ヤ 야 ya		ゆ ユ 유 yu		よ ヨ 요 yo
ら ラ 라 ra	り リ 리 ri	る ル 루 ru	れ レ 레 re	ろ ロ 로 ro
わ ワ 와 wa				を ヲ 오 o
ん ン 응 n, m, ng				

🔊 탁음과 반탁음

か さ た は행의 글자 오른쪽 윗부분에 탁점(˚)을 붙인 음을 탁음이라고 하며, 반탁음은 は행의 오른쪽 윗부분에 반탁점(°)을 붙인 것을 말합니다.

が ガ 가 ga	ぎ ギ 기 gi	ぐ グ 구 gu	げ ゲ 게 ge	ご ゴ 고 go
ざ ザ 자 za	じ ジ 지 zi	ず ズ 즈 zu	ぜ ゼ 제 ze	ぞ ゾ 조 zo
だ ダ 다 da	ぢ ヂ 지 zi	づ ヅ 즈 zu	で デ 데 de	ど ド 도 do
ば バ 바 ba	び ビ 비 bi	ぶ ブ 부 bu	べ ベ 베 be	ぼ ボ 보 bo
ぱ パ 파 pa	ぴ ピ 피 pi	ぷ プ 푸 pu	ぺ ペ 페 pe	ぽ ポ 포 po

🔊 발음

ん은 단어의 첫머리에 올 수 없으며 항상 다른 글자 뒤에 쓰여 우리말의 받침과 같은 구실을 합니다. ん 다음에 오는 글자의 영향에 따라 다음과 같은 소리가 납니다.

- **ㅇ** ん(ン) 다음에 か が행의 글자가 이어지면 「ㅇ」으로 발음한다.
  えんき [엥끼] 연기　　　　　ミンク [밍쿠] 밍크

- **ㄴ** ん(ン) 다음에 さ ざ た だ な ら행의 글자가 이어지면 「ㄴ」으로 발음한다.
  かんし [간시] 감시　　　　　はんたい [한따이] 반대
  ヒント [힌토] 힌트　　　　　パンダ [판다] 팬더

- **ㅁ** ん(ン) 다음에 ま ば ぱ행의 글자가 이어지면 「ㅁ」으로 발음한다.
  あんま [암마] 안마　　　　　テンポ [템포] 템포

- **ㅇ** ん(ン) 다음에 あ は や わ행의 글자가 이어지면 「ㄴ」과 「ㅇ」의 중간음으로 발음한다. 또한 단어 끝에 ん이 와도 마찬가지이다.
  れんあい [렝아이] 연애　　　　にほん [니홍] 일본

🔊 요음

요음이란 い단 글자 중 자음에 반모음의 작은 글자 ゃゅょ를 붙인 음으로 우리말의 ㅑㅠㅛ 같은 역할을 합니다.

きゃ キャ 캬 kya	きゅ キュ 큐 kyu	きょ キョ 쿄 kyo
しゃ シャ 샤 sha(sya)	しゅ シュ 슈 shu(syu)	しょ ショ 쇼 sho(syo)
ちゃ チャ 챠 cha(tya)	ちゅ チュ 츄 chu(tyu)	ちょ チョ 쵸 cho(tyo)
にゃ ニャ 냐 nya	にゅ ニュ 뉴 nyu	にょ ニョ 뇨 nyo
ひゃ ヒャ 햐 hya	ひゅ ヒュ 휴 hyu	ひょ ヒョ 효 hyo
みゃ ミャ 먀 mya	みゅ ミュ 뮤 myu	みょ ミョ 묘 myo
りゃ リャ 랴 rya	りゅ リュ 류 ryu	りょ リョ 료 ryo
ぎゃ ギャ 갸 gya	ぎゅ ギュ 규 gyu	ぎょ ギョ 교 gyo
じゃ ジャ 쟈 zya(ja)	じゅ ジュ 쥬 zyu(ju)	じょ ジョ 죠 zyo(jo)
びゃ ビャ 뱌 bya	びゅ ビュ 뷰 byu	びょ ビョ 뵤 byo
ぴゃ ピャ 퍄 pya	ぴゅ ピュ 퓨 pyu	ぴょ ピョ 표 pyo

🔊 촉음

촉음은 つ를 작은 글자 っ로 표기하며 뒤에 오는 글자의 영향에 따라 우리말 받침이 ㄱ, ㅅ, ㄷ, ㅂ으로 발음합니다.

ㄱ 촉음인 っ(ッ) 다음에 か き く け こ가 이어지면 「ㄱ」으로 발음한다.
　　けっか [겍까] 결과　　　サッカー [삭카ー] 사커, 축구

ㅅ 촉음인 っ(ッ) 다음에 さ し す せ そ가 이어지면 「ㅅ」으로 발음한다.
　　さっそく [삿소꾸] 속히, 재빨리　　クッション [쿳숑] 쿠션

ㅂ 촉음인 っ(ッ) 다음에 ぱ ぴ ぷ ぺ ぽ가 이어지면 「ㅂ」으로 발음한다.
　　いっぱい [입빠이] 가득　　　ヨーロッパ [요ー롭파] 유럽

ㄷ 촉음인 っ(ッ) 다음에 た ち つ て と가 이어지면 「ㄷ」으로 발음한다.
　　きって [긷떼] 우표　　　タッチ [탇치] 터치

　　　　　　　　　　　　*이 책에서는 ㄷ으로 발음하는 경우는 편의상 ㅅ으로 표기하였다.

🔊 장음

장음이란 같은 모음이 중복될 때 앞의 발음을 길게 발음하는 것을 말합니다. 카타카나에서는 장음부호를 ー로 표기합니다.

あ あ단에 모음 あ가 이어질 경우 뒤의 모음인 あ는 장음이 된다.
　　おかあさん [오까ー상] 어머니　　スカート [스카ー토] 스커트

い い단에 모음 い가 이어질 경우 뒤의 모음인 い는 장음이 된다.
　　おじいさん [오지ー상] 할아버지　　タクシー [타쿠시ー] 택시

う う단에 모음 う가 이어질 경우 뒤의 모음인 う는 장음이 된다.
　　くうき [쿠ー끼] 공기　　スーパー [스ー파ー] 슈퍼

え え단에 모음 え나 い가 이어질 경우 뒤의 모음인 え와 い는 장음이 된다.
　　おねえさん [오네ー상] 누님, 누나　　えいが [에ー가] 영화

お お단에 모음 お나 う가 이어질 경우 뒤의 모음인 お와 う는 장음이 된다.
　　こおり [코ー리] 얼음　　とうふ [토ー후] 두부

따라쓰기만 해도 혼자서 일본어를 할 수 있다!

PART 01

독학, 일본어 초급 2
따라쓰기

여러가지 접속표현

동사·형용(동)사 ~すぎる

동사 ~ながら

동사 ~たい

동사 ~たがる

명사·형용동사 ~になる

형용사 ~なる

형용사 ~くする

명사·형용동사 ~にする

동사의 여러 가지 접속 표현

1. ~やすい(にくい)

やすい는 동사의 중지형, 즉 **ます**가 접속하는 형태에 접속하여 그러한 동작이나 작용이 '~하기 쉽다, ~하기 편하다'의 뜻을 나타내며, 반대로 **にくい**는 '~하기 어렵다, ~하기 힘들다'의 뜻을 나타냅니다.

기본형	의 미	~やすい/~にくい	의 미
飲(の)む	마시다	飲みやすい	마시기 편하다
書(か)く	쓰다	書きにくい	쓰기 힘들다

2. ~にいく

동사의 중지형, 즉 **ます**가 접속되는 형태에 조사 **に**가 접속하면 '~하러'의 뜻으로 동작의 목적을 나타냅니다. 뒤에는 보통 行く(가다), 来る(오다), 帰る(돌아오다) 등 이동을 나타내는 동사가 옵니다.

기본형	의 미	~に行く	의 미
飲(の)む	마시다	飲みに行く	마시러 가다
見(み)る	보다	見に行く	보러 가다

3. ~すぎる

동사에 **ます**가 접속되는 형태나 형용사와 형용동사는 어간에 **すぎる**가 접속되면 '너무(지나치게) ~하다'의 뜻으로 어떤 동작이나 상태가 도에 지나친 것을 나타냅니다.

기본형	의 미	~すぎる	의 미
飲(の)む	마시다	飲みすぎる	과음하다
高(たか)い	(값이) 비싸다	高すぎる	너무 비싸다
静(しず)かだ	조용하다	静かすぎる	너무 조용하다

4. ~ながら

ながら는 동사의 중지형, 즉 **ます**가 이어지는 꼴에 접속하여 '~하면서'의 뜻으로 두 가지 이상의 동작이 동시에 일어남을 나타냅니다.

기본형	의 미	~ながら	의 미
飲(の)む	마시다	飲みながら	마시면서
書(か)く	쓰다	書きながら	쓰면서

NOTE

접속의 표현

5. ~たい

たい는 ます가 접속되는 꼴에 연결되며 말하는 사람이나 상대방의 직접적인 희망을 나타내는 말로 우리말의 '~하고 싶다'에 해당합니다. 또 희망하는 대상물에는 조사 を보다 が를 쓰는 것이 일반적입니다. 또한, たい의 활용은 어미의 형태가 い이므로 형용사와 동일하게 활용합니다.

たがる는 ます가 접속되는 형태에 이어져 '~하고 싶어 하다'는 뜻으로 제3자의 희망·욕구를 나타내며, 활용은 5단동사와 동일합니다.

기본형	의 미	~たい	의 미
飲(の)む	마시다	飲みたい	마시고 싶다
食(た)べる	쓰다	食べたい	먹고 싶다

6. ~に(く)なる

동사 なる는 '되다'라는 뜻으로 어떤 상태에서 다른 상태로 변하는 것을 나타내는데, 명사와 형용동사에 접속할 때는 ~になる 형태를 취합니다. 그러나 형용사에 なる가 접속할 때는 어미 い가 く로 바뀌어 '~어지다, ~하게 되다'의 뜻을 나타냅니다.

기본형	의 미	~に(く)なる	의 미
医者(いしゃ)だ	의사이다	医者になる	의사가 되다
静(しず)かだ	조용하다	静かになる	조용해지다
高(たか)い	(값이) 비싸다	高くなる	(값이) 비싸지다

7. ~に(く)する

동사 する는 어떤 동작을 '하다'라는 뜻인데, 어떤 일(것)을 선택할 때도 쓰입니다. 이때는 선택의 대상이 되는 명사 뒤에는 조사 に가 와야 합니다. 형용사의 어미 い를 く로 바꾸어 する를 접속하면 '~게 하다'의 뜻으로 의지적인 변화를 주어 어떤 상태로 바꾸다는 뜻을 나타내며, 형용동사의 경우는 명사와 마찬가지로 ~にする의 형태를 취합니다.

기본형	의 미	~に(く)する	의 미
コーヒーだ	커피다	コーヒーにする	커피로 하다
静(しず)かだ	조용하다	静かにする	조용하게 하다
高(たか)い	(값이) 비싸다	高くする	비싸게 하다

UNIT 01 (동사)~すぎる

접미어 すぎる는 동사의 중지형, 즉 ます가 접속되는 형태(太る·太りすぎる, 見る·見すぎる, 食べる·食べすぎる, する·しすぎる 등)에 접속하여 '너무(지나치게) ~하다'의 뜻으로 정도를 넘다, 도가 지나치다라는 의미를 가진 동사를 만듭니다. 활용은 ~すぎます, ~すぎません, ~すぎました, ~すぎませんでした처럼 1단동사와 동일합니다.

□□□ 어젯밤 밥을 너무 많이 먹었습니다.

ゆうべ、ご飯を食べすぎました。

ゆうべ、ご飯を食べすぎました。

💬 ます가 접속되는 형태에 すぎる가 접속하면 '너무(지나치게) ~하다'는 뜻의 1단동사가 된다.

📋
ゆうべ 어젯밤
ご飯(はん) 밥
食(た)べる 먹다

□□□ 요즘 일을 너무 많이 하는군요.

この頃、仕事をしすぎますね。

この頃、仕事をしすぎますね。

📋
この頃(ごろ) 요즘
仕事(しごと) 일
する 하다

□□□ 당신은 담배를 너무 많이 피우는군요.

あなたはタバコを吸いすぎますね。

あなたはタバコを吸いすぎますね。

📋
タバコ 담배
吸(す)う 들이마시다, 피우다

□□□ 요시무라 씨는 과음합니다.

吉村さんはお酒を飲みすぎます。

吉村さんはお酒を飲みすぎます。

💬 お酒의 お는 존경이나 미화어로 쓰이는 접두어이다.

📋
吉村(よしむら)さん 요시무라 씨
お酒(さけ) 술
飲(の)む 마시다

UNIT 01 너무 ~하다 | 17

□□□ 그는 텔레비전을 너무 많이 봐요.

彼はテレビを見すぎますよ。

彼はテレビを見すぎますよ。

종조사 よ는 사물을 판단해서 주장하거나 다짐할 때에 쓴다.

彼(かれ) 그, 그이
テレビ 텔레비전
見(み)る 보다

□□□ 너무 잤습니다. 머리가 좀 아픕니다.

寝すぎました。頭が少し痛いです。

寝すぎました。頭が少し痛いです。

寝(ね)る 자다
頭(あたま) 머리
少(すこ)し 조금
痛(いた)い 아프다

A: あなたは太りすぎましたね。
B: ええ、少し太りました。
A: 運動はしませんでしたか。
B: ええ、運動はもちろん、この頃食べすぎました。

A: 당신은 너무 살쪘군요.
B: 예, 조금 쪘습니다.
A: 운동은 하지 않았습니까?
B: 예, 운동은 물론,
요즘 너무 많이 먹었습니다.

ね는 문장 끝에 쓰여 '~군요'의 뜻으로 가벼운 감동을 나타낸다.
ええ는 '네, 예'의 뜻으로 긍정이나 승낙 등의 뜻을 나타내는 말이다.

太(ふと)る 살찌다
少(すこ)し 조금
運動(うんどう) 운동
もちろん 물론
この頃(ごろ) 요즘
食(た)べる 먹다

UNIT 02 (형용사·형용동사)~すぎる

접미어 すぎる는 형용사의 어간에 접속(赤い·赤すぎる, 多い·多すぎる)하며, 형용동사의 경우도 어간에 접속(静かだ·静かすぎる, 賑やかだ·賑やかすぎる)하여 '너무(지나치게) ~하다'의 뜻으로 정도를 넘다, 도가 지나치다라는 의미를 가진 동사를 만듭니다. 활용은 ~すぎます, ~すぎません, ~すぎました, ~すぎませんでした처럼 1단동사와 동일합니다.

□□□ 이 교과서는 너무 어렵습니다.

この教科書は難しすぎます。

この教科書は難しすぎます。

> 형용사나 형용동사의 어간에 **すぎる**가 접속하면 '너무 ~하다'는 뜻의 1단동사가 된다.
>
> **教科書**(きょうかしょ) 교과서
> **難**(むずか)しい 어렵다

□□□ 광장에는 사람이 너무 많습니다.

広場には人が多すぎます。

広場には人が多すぎます。

> **広場**(ひろば) 광장
> ~には ~에는
> **人**(ひと) 사람
> **多**(おお)い 많다

□□□ 이 텔레비전은 너무 비싸군요.

このテレビは高すぎますね。

このテレビは高すぎますね。

> テレビ 텔레비전
> **高**(たか)い 비싸다

□□□ 사람이 많아서 너무 복잡하군요.

人が多くて賑やかすぎますね。

人が多くて賑やかすぎますね。

> 多くて의 て는 '~해서'의 뜻으로 원인이나 이유를 나타낸다.
>
> **人**(ひと) 사람
> **多**(おお)い 많다
> **賑**(にぎ)やかだ 붐비다

□□□ 이 주택가는 너무 조용하군요.

この住宅街は静かすぎますね。

この住宅街は静かすぎますね。

□□□ 그녀의 방은 너무 깨끗합니다.

彼女の部屋はきれいすぎます。

彼女の部屋はきれいすぎます。

住宅街(じゅうたくがい) 주택가
静(しず)**かだ** 조용하다

彼女(かのじょ) 그녀
部屋(へや) 방
きれいだ 깨끗하다

A: あのレストランはどうでしたか。

B: 人が多くて賑やかすぎました。

A: 料理は多かったんですか。

B: ええ、特にご飯が多すぎました。

A: 그 레스토랑은 어땠습니까?
B: 사람이 많아서 너무 붐볐습니다.
A: 요리는 많았습니까?
B: 예, 특히 밥이 너무 많았습니다.

どうでしたか는 상대에게 상태나 상황이 어땠는지 물어볼 때 쓰인다.

レストラン 레스토랑
どう 어떻게
人(ひと) 사람
多(おお)**い** 많다
賑(にぎ)**やかだ** 붐비다
料理(りょうり) 요리
特(とく)**に** 특히
ご飯(はん) 밥

UNIT 03 (동사)~ながら

ながらは 동사의 중지형, 즉 ます가 이어지는 형태에 접속(聞く 듣다・聞きながら 들으면서, 歌う 노래하다・歌いながら 노래하면서, 見る 보다・見ながら 보면서, 食べる 먹다・食べながら 먹으면서, する 하다・しながら 하면서)하여 '~하면서'의 뜻으로 어떤 동작이 행해질 때 다른 동작도 동시에 행해지거나 또한 두 동작을 이어주기도 합니다.

□□□ 한눈을 팔면서 운전하는 것은 위험하다.

よそ見をしながら運転するのは危ない。

よそ見をしながら運転するのは危ない。

ます가 접속되는 형태에 ながら가 접속하면 '~하면서'의 뜻으로 동시동작을 나타낸다.

よそ見(み) 한눈, 곁눈
運転(うんてん)する 운전하다
~のは ~것은
危(あぶ)ない 위험하다

□□□ 그는 아르바이트를 하면서 대학에 다녔습니다.

彼はアルバイトをしながら大学に通いました。

彼はアルバイトをしながら大学に通いました。

大学に通う 대학을 다니다

彼(かれ) 그, 그이
アルバイト 아르바이트
大学(だいがく) 대학
通(かよ)う 다니다

□□□ 그는 노래를 부르면서 청소를 합니다.

彼は歌を歌いながら掃除をします。

彼は歌を歌いながら掃除をします。

歌を歌う 노래를 부르다

歌(うた) 노래
歌(うた)う 노래하다
掃除(そうじ) 청소

□□□ 경찰차가 사이렌을 울리면서 달립니다.

パトカーがサイレンを鳴らしながら走ります。

パトカーがサイレンを鳴らしながら走ります。

パトカー 경찰차
サイレン 사이렌
鳴(な)らす 울리다
走(はし)る 달리다

□□□ 개가 꼬리를 흔들면서 왔습니다.

犬が尾を振りながら来ました。

犬が尾を振りながら来ました。

犬(いぬ) 개
~が ~이(가)
尾(お) 꼬리
振(ふ)る 흔들다
来(く)る 오다 / 来(き)ます

□□□ 그와 커피를 마시면서 이야기했습니다.

彼とコーヒーを飲みながら話しました。

彼とコーヒーを飲みながら話しました。

조사 と는 '~와(과)'의 뜻으로 비교의 대상이나 동작의 상대를 나타낸다.

彼(かれ) 그, 그이
コーヒー 커피
飲(の)む 마시다
話(はな)す 이야기하다

A: 休みの日は何をしますか。
B: うちでゆっくり休みます。
A: では、テレビも見ませんか。
B: いいえ、テレビを見ながら音楽も聞きます。

A: 휴일에는 무엇을 합니까?
B: 집에서 푹 쉽니다.
A: 그럼, 텔레비전도 보지 않습니까?
B: 아니오, 텔레비전을 보면서 음악도 듣습니다.

休(やす)みの日(ひ) 쉬는 날
何(なに) 무엇을
うちで 집에서
ゆっくり 푹, 천천히
休(やす)む 쉬다
では 그럼
テレビ 텔레비전
見(み)る 보다
音楽(おんがく) 음악
聞(き)く 듣다

UNIT 04 (동사)~たい

たい는 동사의 중지형, 즉, ます가 이어지는 형태에 접속(聞く 듣다・聞きたい 듣고 싶다, 見る 보다・見たい 보고 싶다, 食べる 먹다・食べたい 먹고 싶다, する 하다・したい 하고 싶다)하여 '~하고 싶다'는 뜻으로 상대나 말하는 사람의 희망이나 욕구를 나타냅니다. 활용(~たいです ~하고 싶습니다, ~たくありません ~하고 싶지 않습니다 등)은 형용사처럼 합니다.

□□□ 오늘은 어머니의 요리를 먹고 싶다.

今日は母の料理が食べたい。

今日は母の料理が食べたい。

> 동사에 たい가 접속하면 '~하고 싶다'의 뜻으로 말하는 사람이나 상대방의 희망을 나타낸다.

今日(きょう) 오늘
母(はは) (나의) 어머니
料理(りょうり) 요리
食(た)べる 먹다

□□□ 언젠가 후지산에 오르고 싶습니다.

いつか富士山に登りたいです。

いつか富士山に登りたいです。

山に登る 산에 오르다

いつか 언젠가
富士山(ふじさん) 후지산(지명)
登(のぼ)る 오르다

□□□ 당신은 지금 무엇을 하고 싶습니까?

あなたは今、何がしたいですか。

あなたは今、何がしたいですか。

今(いま) 지금
何(なに)が 무엇을
する 하다

□□□ 나는 차가운 물을 마시고 싶습니다.

わたしは冷たい水が飲みたいです。

わたしは冷たい水が飲みたいです。

> 희망의 대상어 뒤에는 일반적으로 조사 が가 쓰인다.

冷(つめ)たい 차갑다
水(みず) 물
飲(の)む 마시다

□□□ 조깅은 하고 싶지 않습니까?

ジョギングはしたくありませんか。

ジョギングはしたくありませんか。

> たいは 형용사와 동일하게 활용을 하므로 부정형은 たくない가 된다.

ジョギング 조깅
する 하다

□□□ 지금은 아무 데도 가고 싶지 않습니다.

今はどこへも行きたくありません。

今はどこへも行きたくありません。

> ~たくない의 정중한 부정은 ~たくありません이다.

今(いま) 지금
どこへも 어디에도
行(い)く 가다

A: 木村さん、何を飲みますか。
B: 冷たいジュースが飲みたいです。
A: 今、何がいちばんしたいですか。
B: 何もしたくありません。少し休みたいです。

A: 기무라 씨, 무엇을 마시겠습니까?
B: 차가운 주스를 마시고 싶습니다.
A: 지금 무엇을 가장 하고 싶습니까?
B: 아무 것도 하고 싶지 않습니다.
　　좀 쉬고 싶습니다.

何(なに) 무엇
飲(の)む 마시다
冷(つめ)たい 차갑다
ジュース 주스
今(いま) 지금
いちばん 가장, 제일
何(なに)も 아무것도
少(すこ)し 조금
休(やす)む 쉬다

UNIT 05 (동사)~たがる

たがる는 동사의 중지형, 즉 ます가 이어지는 형태에 접속(聞く 듣다・聞きたがる 듣고 싶어 하다, 見る 보다・見たがる 보고 싶어 하다, する 하다・したがる 하고 싶어 하다)하여 '~하고 싶어 하다'는 뜻으로 제3자의 희망이나 욕구를 나타냅니다. 활용(~たがります ~하고 싶어 합니다, ~たがりません ~하고 싶어 하지 않습니다 등)은 5단동사와 동일합니다.

□□□ 요시무라 씨는 오사카에 가고 싶어 했습니다.

吉村さんは大阪へ行きたがりました。

吉村さんは大阪へ行きたがりました。

> ます가 접속되는 형태에 たがる가 접속하면 '~하고 싶어 하다'의 뜻으로 제3자의 희망을 나타낸다.

吉村(よしむら) 요시무라
大阪(おおさか) 오사카(지명)
行(い)く 가다

□□□ 그녀는 머리를 자르고 싶어 했습니다.

彼女は髪を切りたがりました。

彼女は髪を切りたがりました。

> 제3자 희망의 대상어 뒤에는 조사 を가 쓰인다.

彼女(かのじょ) 그녀
髪(かみ) 머리카락
切(き)る 자르다

□□□ 그는 택시를 타고 싶어합니까?

彼はタクシーに乗りたがりますか。

彼はタクシーに乗りたがりますか。

> ~に乗る는 '~을(를) 타다'의 뜻으로 탈것의 대상어 뒤에는 조사 を를 쓰지 않는다.

タクシー 택시
~に乗(の)る ~을(를) 타다

□□□ 아내는 요리를 만들고 싶어 하지 않습니다.

家内は料理を作りたがりません。

家内は料理を作りたがりません。

> たがる가 5단동사와 동일하게 활용을 한다.

家内(かない) (나의) 아내
料理(りょうり) 요리
作(つく)る 만들다

UNIT 05 ~하고 싶어 하다 | 25

☐☐☐ 남편은 목욕을 하고 싶어 하지 않습니다.

主人はお風呂に入りたがりません。

主人はお風呂に入りたがりません。

💬 風呂に入る 목욕을 하다

主人(しゅじん) (나의) 남편
お風呂(ふろ) 목욕
入(はい)る 들어가다

☐☐☐ 그는 채소를 먹고 싶어 하지 않습니까?

彼は野菜を食べたがりませんか。

彼は野菜を食べたがりませんか。

彼(かれ) 그, 그이
野菜(やさい) 야채, 채소
食(た)べる 먹다

A: 妹さんのお誕生日はいつですか。

B: 今週の土曜日です。

A: 何を買いたがりましたか。

B: 新しい時計を買いたがりました。

A: 여동생 생일은 언제입니까?
B: 이번 주 토요일입니다.
A: 무엇을 사고 싶어 했습니까?
B: 새 시계를 사고 싶어 했습니다.

상대의 여동생을 말할 때는 さん을 붙여서 말한다.

妹(いもうと)さん 여동생
お誕生日(たんじょうび) 생일
いつ 언제
今週(こんしゅう) 이번 주
土曜日(どようび) 토요일
買(か)う 사다
新(あたら)しい 새롭다
時計(とけい) 시계

▌우리말 해석을 보고 빈칸에 알맞는 일본어를 써넣으세요.

01. 어젯밤 밥을 너무 많이 먹었습니다.
ゆうべ、ご飯を ☐☐☐☐☐☐☐ 。

02. 너무 잤습니다. 머리가 좀 아픕니다.
☐☐☐☐☐☐ 。頭が少し痛いです。

03. 광장에는 사람이 너무 많습니다.
広場には人が ☐☐☐☐☐ 。

04. 이 주택가는 너무 조용하군요.
この住宅街は ☐☐☐☐☐☐ ね。

05. 그는 노래를 부르면서 청소를 합니다.
彼は歌を ☐☐☐☐☐ 掃除をします。

06. 그와 커피를 마시면서 이야기했습니다.
彼とコーヒーを ☐☐☐☐☐ 話しました。

07. 당신은 지금 무엇을 하고 싶습니까?
あなたは今、何が ☐☐☐☐☐ か。

08. 지금은 아무 데도 가고 싶지 않습니다.
今はどこへも ☐☐☐☐☐☐☐☐☐ 。

09. 요시무라 씨는 오사카에 가고 싶어 했습니다.
吉村さんは大阪へ ☐☐☐☐☐☐☐☐ 。

10. 그는 채소를 먹고 싶어 하지 않습니까?
彼は野菜を ☐☐☐☐☐☐☐☐ か。

▶ 우리말 대화문을 보고 밑줄에 일본어를 넣어 대화를 완성해보세요.

A: あなたは _____

B: ええ、少し太りました。

　A: 당신은 너무 살쪘군요.
　B: 예, 조금 쪘습니다.

A: あのレストランはどうでしたか。

B: 人が多くて _____

　A: 그 레스토랑은 어땠습니까?
　B: 사람이 많아서 너무 붐볐습니다.

A: では、テレビも見ませんか。

B: いいえ、_____

　A: 그럼, 텔레비전도 보지 않습니까?
　B: 아니오, 텔레비전을 보면서 음악도 듣습니다.

A: 木村さん、何を飲みますか。

B: 冷たい _____

　A: 기무라 씨, 무엇을 마시겠습니까?
　B: 차가운 주스를 마시고 싶습니다.

A: 妹さんは何を買いたがりましたか。

B: 新しい _____

　A: 여동생은 무엇을 사고 싶어 했습니까?
　B: 새 시계를 사고 싶어 했습니다.

UNIT 06 ~でも ~ましょう

ましょうは ますの 권유형으로, 상대방의 동의를 구해서 말하는 사람이 행동을 일으키도록 제안할 때 쓰이며, 우리말의 '~합시다'에 해당합니다. 따라서 ましょう는 권유의 뜻이 되기도 하며, 말하는 사람의 의지를 나타내기도 합니다. ましょう는 강한 느낌을 주므로 손윗사람에게 가능한 쓰지 않는 것이 좋으며, 의향을 물을 때는 ましょうか의 형태로 쓰면 됩니다.

□□□ 방 청소라도 합시다.

部屋の掃除でもしましょう。

部屋の掃除でもしましょう。

> ~ましょうは ~ますの 권유형으로 '~합시다'의 뜻을 나타낸다.
>
> 部屋(へや) 방
> 掃除(そうじ) 청소

□□□ 커피라도 마십시다.

コーヒーでも飲みましょう。

コーヒーでも飲みましょう。

> ~でもは '~(이)라도'의 뜻으로 의지·허용·희망 등을 나타내는 말이 와서 엄격히 제한하지 않고 대체로 (무엇을 들어서) 말할 때 쓰인다.
>
> コーヒー 커피
> 飲(の)む 마시다

□□□ 밥이라도 먹을까요?

ご飯でも食べましょうか。

ご飯でも食べましょうか。

> 의문이나 질문을 나타낼 때는 ~ましょうか로 표현한다.
>
> ご飯(はん) 밥
> 食(た)べる 먹다

□□□ 다 같이 노래라도 부를까요?

みんなで歌でも歌いましょうか。

みんなで歌でも歌いましょうか。

> 歌を歌う 노래를 부르다
>
> みんなで 모두, 다 같이
> 歌(うた) 노래
> 歌(うた)う 노래하다

UNIT 06 ~라도 ~합시다 | 29

□□□ 바다에 놀러라도 갑시다.

海へ遊びにでも行きましょう。

海へ遊びにでも行きましょう。

~に行く ~하러 가다

海(うみ) 바다
遊(あそ)ぶ 놀다

□□□ 텔레비전 드라마라도 볼까요?

テレビのドラマでも見ましょうか。

テレビのドラマでも見ましょうか。

テレビ 텔레비전
ドラマ 드라마
見(み)る 보다

A: 今日は何をしましょうか。

B: レストランで外食でもしましょう。

A: どのレストランへ行きましょうか。

B: 近くのレストランでも行きましょう。

A: 오늘은 무엇을 할까요?
B: 레스토랑에서 외식이라도 합시다.
A: 어느 레스토랑에 갈까요?
B: 근처 레스토랑에라도 갑시다.

今日(きょう) 오늘
レストラン 레스토랑
外食(がいしょく) 외식
どの 어느
近(ちか)く 근처

UNIT 07 いくら~ても[でも]

형용사의 경우 접속조사 て가 이어질 때는 어미 い가 く로 바뀌어 우리말의 '~하고, ~해서, ~하며'로 해석되며 뒤에 다른 말이 이어집니다. 여기에 조사 も를 접속하면 '~해도'의 뜻으로 역접의 확정조건이나 가정조건을 나타냅니다. 반면 형용동사의 경우는 でも의 형태가 됩니다. 그리고 いくら는 횟수의식을 나타내고, どんなに는 정도의식을 나타냅니다.

□□□ 아무리 커도 이런 집에서는 살 수 없습니다.

いくら大きくても、こんな家では住めません。

いくら大きくても、こんな家では住めません。

> いくら는 뒤에 ~ても, ~でも 등이 오면 우리말의 '아무리'의 뜻이 된다.
>
> いくら 아무리, 얼마
> 大(おお)きい 크다
> こんな 이런
> 家(いえ) 집
> 住(す)める 살 수 있다

□□□ 아무리 맛있어도 과식하는 것은 좋지 않습니다.

いくらおいしくても、食べすぎはよくありません。

いくらおいしくても、食べすぎはよくありません。

> ~て(で)も는 '~(하)더라도; ~(해)도'의 뜻으로 조건을 나타내는 부분에 붙여, 뒤에 말하는 사건이 그 조건에 구속되지 않는 뜻을 나타낸다.
>
> おいしい 맛있다
> 食(た)べる 먹다
> よい 좋다

□□□ 아무리 값이 싸도 나는 사지 않겠습니다.

いくら値段が安くても、わたしは買いません。

いくら値段が安くても、わたしは買いません。

> 値段(ねだん) 가격, 값
> 安(やす)い (값이) 싸다
> 買(か)う 사다

□□□ 아무리 더워도 아이스크림을 먹지 않습니다.

どんなに暑くてもアイスクリームを食べません。

どんなに暑くてもアイスクリームを食べません。

> いくら는 횟수의식을 나타내고, どんなに는 정도의식을 나타낸다.
>
> どんなに 아무리
> 暑(あつ)い 덥다
> アイスクリーム 아이스크림
> 食(た)べる 먹다

□□□ 아무리 친절해도 그 가게는 가지 않습니다.

いくら親切でもあの店には行きません。

いくら親切でもあの店には行きません。

서로 알고 있는 것을 화제로 삼을 때는 あの를 사용한다.

親切(しんせつ)だ 친절하다
あの 그, 저
店(みせ) 가게
行(い)く 가다

□□□ 아무리 교통이 편해도 집세가 비싸면 안됩니다.

どんなに交通が便利でも家賃が高くてはいけません。

どんなに交通が便利でも家賃が高くてはいけません。

금지를 나타낼 때는 ～てはいけません(~해서는 안됩니다)으로 표현한다.

交通(こうつう) 교통
便利(べんり)だ 편리하다
家賃(やちん) 집세
高(たか)い (값이) 비싸다

A: あの店はどうですか。

B: 親切で、値段も安いですよ。

A: いくら親切でも、安くても、私は行きません。

B: どうしてですか。

A: 그 가게는 어떻습니까?
B: 친절하고 가격도 싸요.
A: 아무리 친절해도 싸도 나는 가지 않습니다.
B: 어째서입니까?

どうですか는 상대의 의향을 물을 때 쓰이는 말이다.
이유를 물을 때는 どうしてですか라고 표현한다.

店(みせ) 가게
親切(しんせつ)だ 친절하다
値段(ねだん) 가격, 값
安(やす)い (값이) 싸다
私(わたし) 나, 저
どうして 왜, 어째서

UNIT 08 ~から~まで

~から ~まで는 우리말의 '~에서(부터) ~까지'의 뜻으로 명사에 접속하여 장소나 공간, 시간의 범위를 나타냅니다. から는 기점을 나타내고, まで는 한계를 나타냅니다. から는 기점을 나타내는 용법 이외에 원인이나 이유를 나타내기도 합니다. 家から公園まで(집에서 공원까지), ここからあそこまで(여기서부터 저기까지), 何時から何時まで(몇 시부터 몇 시까지)

□□□ 어제 집에서 공원까지 사이클링을 했습니다.

きのう家から公園までサイクリングをしました。

きのう家から公園までサイクリングをしました。

> から는 '~에서(부터)'의 뜻으로 기점을 나타낸다.
>
> きのう 어제
> 家(いえ) 집
> 公園(こうえん) 공원
> サイクリング 사이클링
> する 하다

□□□ 서울에서 부산까지 어느 정도 걸립니까?

ソウルからブサンまでどのくらいかかりますか。

ソウルからブサンまでどのくらいかかりますか。

> まで는 '~까지'의 뜻으로 한계를 나타낸다.
>
> どのくらい 어느 정도
> かかる (시간, 돈, 거리가) 걸리다, 들다

□□□ 오전 9시부터 오후 6시까지 일합니다.

午前9時から午後6時まで働きます。

午前9時から午後6時まで働きます。

> 午前(ごぜん) 오전
> 9時(くじ) 9시
> 午後(ごご) 오후
> 6時(ろくじ) 6시
> 働(はたら)く 일하다

□□□ 이번 달부터 다음 달까지 짬이 없습니다.

今月から来月まで暇はありません。

今月から来月まで暇はありません。

> 先月(せんげつ) ← 今月 → 来月
>
> 今月(こんげつ) 이번 달
> 来月(らいげつ) 다음달
> 暇(ひま) 여가, 짬

UNIT 08 〜부터 〜까지 | 33

□□□ 역에서 아파트까지 걸었습니다.

駅からアパートまで歩きました。

駅からアパートまで歩きました。

駅(えき) 역
アパート 아파트
歩(ある)く 걷다

□□□ 당신은 몇 시부터 몇 시까지 공부를 합니까?

あなたは何時から何時まで勉強をしますか。

あなたは何時から何時まで勉強をしますか。

何時(なんじ) 몇 시
勉強(べんきょう) 공부

A: 家から会社まで遠いですか。

B: いいえ、あまり遠くありません。

A: では、会社まで何で行きますか。

B: 毎日、バスで行きます。あなたは?。

A: 집에서 회사까지 멉니까?
B: 아니오, 그다지 멀지 않습니다.
A: 그럼, 회사까지 무엇으로 갑니까?
B: 매일 버스로 갑니다. 당신은요?

で는 명사에 접속하여 '~으로'의 뜻으로 수단이나 방법을 나타낸다.

家(いえ) 집
会社(かいしゃ) 회사
遠(とお)い 멀다
あまり 그다지, 별로
何(なに)で 무엇으로
毎日(まいにち) 매일
バス 버스

UNIT 09 ~より ~[の]ほうが~

より는 비교를 나타낼 때 쓰이는 조사로 우리말의 '~보다'에 해당하며, と는 여러 가지 사물이나 사항을 나열할 때 쓰이는 조사로 우리말의 '~와(과)'에 해당합니다. 두 가지 사물이나 사항을 비교할 때는 ~と ~と どちらのほうが ~ですか(~과 ~과 어느 쪽이 ~입니까?)의 질문과 ~のほうが ~より ~です(~의 쪽이 ~보다 ~입니다)의 대답으로 문형을 취합니다.

□□□ 버스보다 전철로 가는 게 빨라.

バスより電車で行くほうが速いよ。

バスより電車で行くほうが速いよ。

> より는 '~보다'의 뜻으로 비교를 나타낸다.

バス 버스
電車(でんしゃ) 전철
行(い)く 가다
~ほう ~쪽
速(はや)い (속도가) 빠르다

□□□ 수영은 바다보다 풀장이 안전해요.

水泳は海よりプールのほうが安全ですよ。

水泳は海よりプールのほうが安全ですよ。

> ~[の]ほうが의 ほう는 '쪽'의 뜻으로 방향을 나타내지만 비교 표현에서는 보통 해석을 하지 않는다.

水泳(すいえい) 수영
海(うみ) 바다
プール 풀장
安全(あんぜん)だ 안전하다

□□□ 고기요리보다 생선요리가 건강에 좋아요.

肉料理より魚料理のほうが健康にいいですよ。

肉料理より魚料理のほうが健康にいいですよ。

肉料理(にくりょうり) 고기요리
魚料理(さかなりょうり) 생선요리
健康(けんこう) 건강
いい 좋다

□□□ 버스보다 택시가 편합니다.

バスよりタクシーのほうが便利です。

バスよりタクシーのほうが便利です。

バス 버스
タクシー 택시
便利(べんり)だ 편리하다

UNIT 09 ～보다 ～(쪽)이 ～

□□□ 나는 위스키보다 맥주를 좋아합니다.

僕はウイスキーよりビールのほうが好きです。

僕はウイスキーよりビールのほうが好きです。

僕는 남성들 사이에서 쓰는 인칭대명사이다.

僕(ぼく) 나
ウイスキー 위스키
ビール 맥주
好(す)きだ 좋아하다

□□□ 더운 여름보다 추운 겨울이 좋습니다.

暑い夏より寒い冬のほうがいいです。

暑い夏より寒い冬のほうがいいです。

暑(あつ)い 덥다
夏(なつ) 여름
寒(さむ)い 춥다
冬(ふゆ) 겨울
いい 좋다

A: 野球場まではタクシーのほうが速いですか。

B: いいえ、地下鉄のほうが速いです。

A: あなたは野球が好きですか。

B: はい、サッカーより野球のほうが好きです。

A: 야구장까지는 택시가 빠릅니까?
B: 아니오, 지하철이 빠릅니다.
A: 당신은 야구를 좋아합니까?
B: 네, 축구보다 야구를 좋아합니다.

~が好きだ ~을(를) 좋아하다 *좋아하는 대상에 조사 を를 쓰지 않는다.

野球場(やきゅうじょう) 야구장
~までは ~까지는
タクシー 택시
速(はや)い (속도가) 빠르다
地下鉄(ちかてつ) 지하철
野球(やきゅう) 야구
好(す)きだ 좋아하다
サッカー 축구

UNIT 10 ~の中で、いちばん

~の中で、いちばん(~중에서, ~가장)의 문형은 여러 가지 사물이나 사항을 나열하여 특히 그것이 제일이라는 뜻을 나타낼 때 많이 쓰이는 표현입니다. 참고로 부사적으로 쓰일 때는 いちばん이라 표기하고 순번을 나타낼 때는 一番으로 표기합니다. どれも(어느 것도, 모두)처럼 의문사에 も를 접속하면 전체를 나타냅니다. だれも(아무도), なにも(아무 것도), どれも(어느 것도)

□□□ 외국어 중에 어느 것이 가장 어렵습니까?

外国語の中で、どれがいちばん難しいですか。

外国語の中で、どれがいちばん難しいですか。

> 外国語(がいこくご) 외국어
> 中(なか)で 중에서
> どれ 어느 것
> いちばん 가장, 제일
> 難(むずか)しい 어렵다

□□□ 스포츠 중에 무엇을 가장 좋아합니까?

スポーツの中で、何がいちばん好きですか。

スポーツの中で、何がいちばん好きですか。

> スポーツ 스포츠
> 何(なに) 무엇
> 好(す)きだ 좋아하다

□□□ 노래 중에 어떤 노래를 가장 잘 부릅니까?

歌の中で、どんな歌がいちばんうまいですか。

歌の中で、どんな歌がいちばんうまいですか。

> 歌(うた) 노래
> どんな 어떤
> 歌(うた) 노래
> うまい 잘하다

□□□ 한자 중에 어느 글자가 가장 쓰기 힘듭니까?

漢字の中で、どの字がいちばん書きにくいですか。

漢字の中で、どの字がいちばん書きにくいですか。

> 漢字(かんじ) 한자
> どの 어느
> 字(じ) 글씨
> 書(か)く 쓰다
> ~にくい ~하기 어렵다(힘들다)

UNIT 10 ~중에서, ~가장 | 37

□□□ 일본에서 어디가 가장 인상에 남았습니까?

日本でどこがいちばん印象に残りましたか。

日本でどこがいちばん印象に残りましたか。

日本(にほん) 일본
どこ 어디
印象(いんしょう) 인상
残(のこ)る 남다

□□□ 한국에서 어디를 가장 가고 싶습니까?

韓国でどこがいちばん行きたいですか。

韓国でどこがいちばん行きたいですか。

韓国(かんこく) 한국
どこ 어디
行(い)く 가다

A: 山田さん、いつ韓国へ来ましたか。

B: 今日来ました。

A: 韓国でどこがいちばん行きたいですか。

B: 今はどこへも行きたくありません。

A: 야마다 씨, 언제 한국에 왔습니까?
B: 오늘 왔습니다.
A: 한국에서 어디를 가장 가고 싶습니까?
B: 지금은 어디에도 가고 싶지 않습니다.

いつ 언제
韓国(かんこく) 한국
来(く)る 오다
今日(きょう) 오늘
どこ 어디
いちばん 가장, 제일
今(いま) 지금
どこへも 어디에도, 아무데도
行(い)く 가다
~たい ~하고 싶다

▌우리말 해석을 보고 빈칸에 알맞는 일본어를 써넣으세요.

01. 커피라도 마십시다.

    コーヒー□□飲み□□□□。

02. 텔레비전 드라마라도 볼까요?

    テレビのドラマ□□見□□□□か。

03. 아무리 커도 이런 집에서는 살 수 없습니다.

    □□□大きく□□、こんな家では住めません。

04. 아무리 친절해도 그 가게는 가지 않습니다.

    □□□親切□□あの店には行きません。

05. 서울에서 부산까지 어느 정도 걸립니까?

    ソウル□□ブサン□□どのくらいかかりますか。

06. 오전 9시부터 오후 6시까지 일합니다.

    午前9時□□午後6時□□働きます。

07. 버스보다 전철로 가는 게 빨라.

    バス□□電車で行く□□□速いよ。

08. 더운 여름보다 추운 겨울이 좋습니다.

    暑い夏□□寒い冬□□□□いいです。

09. 외국어 중에 어느 것이 가장 어렵습니까?

    外国語の□□、どれが□□□□難しいですか。

10. 일본에서 어디가 가장 인상에 남았습니까?

    日本□□どこが□□□□印象に残りましたか。

▶ 우리말 대화문을 보고 밑줄에 일본어를 넣어 대화를 완성해보세요.

A: 今日は何をしましょうか。
B: レストランで _____

　A: 오늘은 무엇을 할까요?
　B: 레스토랑에서 외식이라도 합시다.

A: いくら _____
B: どうしてですか。

　A: 아무리 친절해도 싸도 나는 가지 않습니다.
　B: 어째서입니까?

A: 家 _____
B: いいえ、あまり遠くありません。

　A: 집에서 회사까지 멉니까?
　B: 아니오, 그다지 멀지 않습니다.

A: あなたは野球が好きですか。
B: はい、_____

　A: 당신은 야구를 좋아합니까?
　B: 네, 축구보다 야구를 좋아합니다.

A: 韓国で _____
B: 今はどこへも行きたくありません。

　A: 한국에서 어디를 가장 가고 싶습니까?
　B: 지금은 어디에도 가고 싶지 않습니다.

UNIT 11 (명사)~になる

동사 なる는 '되다'라는 뜻으로 어떤 상태에서 다른 상태로 변하는 것을 나타내는데, 명사에 접속할 때는 ~になる 형태를 취하며 해석은 '~이(가) 되다'로 합니다. 우리말을 직역하여 ~がなる라고 하지 않도록 주의해야 합니다. なる는 なります(됩니다), なりません(되지 않습니다), なりました(되었습니다), なりたい(되고 싶다) 등처럼 5단동사로 활용을 합니다.

□□□ 당신은 선생님이 되고 싶습니까?

あなたは先生になりたいですか。

あなたは先生になりたいですか。

> 명사에 ~になる가 접속하면 '~이(가) 되다'의 뜻이 된다.
>
> 先生(せんせい) 선생(님)
> なる 되다

□□□ 그는 일본 제일의 음악가가 되었습니다.

彼は日本一の音楽家になりました。

彼は日本一の音楽家になりました。

> 우리말로 직역하여 ~がなる로 하지 않도록 주의한다.
>
> 彼(かれ) 그, 그이
> 日本一(にほんいち) 일본 제일
> 音楽家(おんがくか) 음악가

□□□ 벌써 단풍의 계절이 되었군요.

もう紅葉の季節になりましたね。

もう紅葉の季節になりましたね。

> 春(はる) 봄 / 夏(なつ) 여름
> 秋(あき) 가을 / 冬(ふゆ) 겨울
>
> もう 이미, 벌써
> 紅葉(もみじ) 단풍
> 季節(きせつ) 계절

□□□ 선생님의 강의는 휴강이 되었습니다.

先生の講義は休講になりました。

先生の講義は休講になりました。

> 先生(せんせい) 선생(님)
> 講義(こうぎ) 강의
> 休講(きゅうこう) 휴강

□□□ 벌써 오후 5시가 되었습니다.

もう午後5時になりました。

もう午後5時になりました。

もう 이미, 벌써
午後(ごご) 오후
5時(ごじ) 5시

□□□ 이 아이는 장래 과학자가 되는 것입니다.

この子は将来科学者になることです。

この子は将来科学者になることです。

この 이
子(こ) 아이
将来(しょうらい) 장래
科学者(かがくしゃ) 과학자
こと 일, 것

A: もう冬になりましたね。

B: そうですね。今日はなかなか寒いですよ。

A: 木村先生の講義はどうなりましたか。

B: 病気で、休講になりました。

A: 벌써 겨울이 되었군요.
B: 그렇군요. 오늘은 꽤 추워요.
A: 기무라 선생님 강의는 어떻게 되었습니까?
B: 아파서 휴강이 되었습니다.

よ는 문장 끝에 와서 가벼운 감동이나 단념의 기분을 나타낸다.

冬(ふゆ) 겨울
今日(きょう) 오늘
なかなか 상당히, 꽤
寒(さむ)い 춥다
先生(せんせい) 선생(님)
講義(こうぎ) 강의
どうなる 어떻게 되다
病気(びょうき) 병
~で ~으로(원인, 이유)
休講(きゅうこう) 휴강

UNIT 12 (형용사)~くなる

동사 なる는 '되다'라는 뜻으로 어떤 상태에서 다른 상태로 변하는 것을 나타내는데, 형용사에 접속할 때는 ~くなる 형태를 취합니다. 즉, 어미 い가 く로 바뀌어 동사 なる가 접속되면 '~해지다, ~하게 되다'의 뜻으로 어떤 상태에서 다른 상태로 변화하는 것을 나타냅니다. なる는 なります(됩니다), なりたい(되고 싶다) 등처럼 5단동사로 활용을 합니다.

□□□ 점점 서늘해집니다.

だんだん涼しくなります。

だんだん涼しくなります。

형용사에 なる가 접속할 때는 어미 い가 く로 바뀌어 -くなる의 형태가 된다.

だんだん 점점
涼(すず)しい 시원하다

□□□ 가네코 양은 무척 아름다워졌습니다.

金子さんはずいぶん美しくなりました。

金子さんはずいぶん美しくなりました。

형용사에 なる가 접속하면 '~하게 되다, ~해지다'의 뜻을 나타낸다.

金子(かねこ)さん 가네코 씨
ずいぶん 대단히, 몹시
美(うつく)しい 아름답다

□□□ 이제부터 일본어는 어려워집니다.

これから日本語は難しくなります。

これから日本語は難しくなります。

これから 이제부터
日本語(にほんご) 일본어
難(むずか)しい 어렵다

□□□ 7월부터 점점 무더워집니다.

7月からだんだんむし暑くなります。

7月からだんだんむし暑くなります。

7月(しちがつ) 7월
だんだん 점점
むし暑(あつ)い 무덥다

UNIT 12 ~하게 되다(해지다) | 43

□□□ 요즘 일은 바빠졌습니까?

この頃、お仕事は忙しくなりましたか。

この頃、お仕事は忙しくなりましたか。

この頃(ごろ) 요즘
お仕事(しごと) 일
忙(いそが)しい 바쁘다

□□□ 아드님은 무척 컸군요.

お子さんはずいぶん大きくなりましたね。

お子さんはずいぶん大きくなりましたね。

お子(こ)さん 아드님
ずいぶん 대단히, 몹시
大(おお)きい 크다

A: 髪の毛がずいぶん長くなりましたね。

B: ええ、もう3か月ですよ。

A: この頃、忙しいですか。

B: ええ、少し仕事が忙しくなりました。

A: 머리가 많이 길었네요.
B: 네, 벌써 3개월이에요.
A: 요즘 바쁘세요?
B: 네, 조금 일이 바빠졌습니다.

髪の毛(かみのけ) 머리털
ずいぶん 대단히, 몹시
長(なが)い 길다
もう 벌써, 이미
3か月(さんかげつ) 3개월
この頃(ごろ) 요즘
忙(いそが)しい 바쁘다
少(すこ)し 조금
仕事(しごと) 일

UNIT 13 (형용동사)~になる

동사 なる는 '되다'라는 뜻으로 어떤 상태에서 다른 상태로 변하는 것을 나타내는데, 형용동사에 접속할 때는 ~になる 형태를 취합니다. 즉, 어미 だ가 に로 바뀌어 동사 なる가 접속되면 '~해지다, ~하게 되다'의 뜻으로 어떤 상태에서 다른 상태로 변화하는 것을 나타냅니다. なる는 なります(됩니다), なりたい(되고 싶다) 등처럼 5단동사로 활용을 합니다.

□□□ 이 거리도 깨끗해졌군요.

この街も きれいになりましたね。

この街もきれいになりましたね。

> 형용동사에 なる가 접속할 때는 어미 だ가 に로 바뀌어 ~になる의 형태가 된다.

この 이
街(まち) 거리
きれいだ 깨끗하다

□□□ 약을 먹고 편해졌습니다.

薬を飲んで 楽になりました。

薬を飲んで楽になりました。

> 薬を飲む 약을 먹다

薬(くすり) 약
飲(の)む 마시다
楽(らく)だ 편하다

□□□ 김씨는 일본어가 능숙해졌습니다.

キムさんは日本語が 上手になりました。

キムさんは日本語が上手になりました。

> 형용동사의 어간에 ~になる가 접속하면 '~하게 되다, ~해지다'의 뜻을 나타낸다.

日本語(にほんご) 일본어
上手(じょうず)だ 능숙하다, 잘하다 ↔ 下手(へた)だ 서투르다

□□□ 이 상품은 유명해졌습니다.

この商品は 有名になりました。

この商品は有名になりました。

商品(しょうひん) 상품
有名(ゆうめい)だ 유명하다

UNIT 13 ~하게 되다(해지다)

☐☐☐ 나도 골프를 좋아하게 되었습니다.

わたしもゴルフが好きになりました。

わたしもゴルフが好きになりました。

> ~が好きだ ~을(를) 좋아하다
>
> ゴルフ 골프
> 好(す)きだ 좋아하다
> ↔ 嫌(きら)いだ 싫어하다

☐☐☐ 이 주변도 상당히 조용해졌습니다.

この辺りもなかなか静かになりました。

この辺りもなかなか静かになりました。

> 辺(あた)り 주변, 주위
> ~も ~도
> なかなか 상당히, 꽤
> 静(しず)かだ 조용하다

A: 日本語（にほんご）がお上手（じょうず）になりましたね。

B: いいえ、まだまだです。

A: お母（かあ）さんはもう元気（げんき）になりましたか。

B: はい、お陰（かげ）さまで元気（げんき）になりました。

A: 일본어가 능숙해졌군요.
B: 아니오, 아직 멀었습니다.
A: 어머니는 이제 건강해지셨습니까?
B: 네, 덕분에 건강해지셨습니다.

> お上手의 お는 존경의 의미로 쓰인 접미어이다.
>
> 日本語(にほんご) 일본어
> お上手(じょうず)だ 잘하다, 능숙하다
> まだ 아직
> お母(かあ)さん 어머니
> もう 이미, 벌써
> 元気(げんき)だ 건강하다
> お陰(かげ)さまで 덕분에, 덕택에

UNIT 14 (형용사)~くする

동사 する는 '하다'라는 뜻을 가진 변격동사(します, しながら)로 형용사에 접속할 때는 ~くする 형태를 취합니다. 즉, 어미 い가 く로 바뀌어 동사 する가 접속되면 '~하게 하다'의 뜻으로 의지적인 변화를 주어 어떤 상태로 바꾼다는 뜻을 나타냅니다. 長い(길다)・長くする(길게 하다), 安い(싸다)・安くする(싸게 하다), 明るい(밝다)・明るくする(밝게 하다)

□□□ 바지 자락은 길게 하겠습니까?

ズボンのすそは長くしますか。

ズボンのすそは長くしますか。

> 형용사에 する가 접속할 때는 -くする의 형태가 된다.

ズボン 바지
すそ 자락
長(なが)い 길다

□□□ 가격을 조금 싸게 했습니다.

値段を少し安くしました。

値段を少し安くしました。

> 형용사에 する를 접속하면 '~하게 하다'의 뜻을 나타낸다.

値段(ねだん) 가격, 값
少(すこ)**し** 조금
安(やす)**い** (값이) 싸다

□□□ 카레는 맵지 않게 했습니다.

カレーは辛くなくしました。

カレーは辛くなくしました。

カレー 카레
辛(から)**い** 맵다
辛くない 맵지 않다

□□□ 빵을 조금 달게 했습니다.

パンを少し甘くしました。

パンを少し甘くしました。

パン 빵
少(すこ)**し** 조금
甘(あま)**い** 달다

UNIT14 ~하게 하다 | 47

□□□ 이번에 벽을 페인트로 하얗게 했습니다.
今度、壁をペイントで白くしました。

今度、壁をペイントで白くしました。

今度(こんど) 이번
壁(かべ) 벽
ペイント 페인트
~で ~으로(수단)
白(しろ)い 하얗다

□□□ 선풍기는 공기를 시원하게 합니다.
扇風機は空気を涼しくします。

扇風機は空気を涼しくします。

扇風機(せんぷうき) 선풍기
空気(くうき) 공기
涼(すず)しい 시원하다

A: もう暗くなりましたね。
B: ええ、冬は日が短いですよ。
A: 部屋がちょっと暗くありませんか。
B: そうですね。少し明るくしましょうか。

A: 벌써 어두워졌군요.
B: 예, 겨울은 해가 짧아요.
A: 방이 좀 어둡지 않습니까?
B: 그렇군요. 조금 밝게 할까요?

そうですね는 상대의 말에 긍정의 맞장구를 칠 때 쓰이는 표현이다.

もう 이미, 벌써
暗(くら)い 어둡다
冬(ふゆ) 겨울
日(ひ) 해, 날
短(みじか)い 짧다
部屋(へや) 방
ちょっと 좀
暗(くら)い 어둡다
少(すこ)し 조금
明(あか)るい 밝다

UNIT 15 (명사·형용동사)~にする

동사 する는 '하다'라는 뜻을 가진 변격동사로 명사에 ~にする의 형태로 접속하면 우리말의 '~으로 하다'의 뜻으로 선택을 나타냅니다. 또한 형용동사에 접속할 때도 ~にする 형태를 취합니다. 즉, 어미 だ가 に로 바뀌어 동사 する가 접속되면 '~하게 하다'의 뜻으로 의지적인 변화를 주어 어떤 상태로 바꾸다는 뜻을 나타냅니다.

□□□ 나는 차가운 맥주로 하겠습니다.

わたしは冷たいビールにします。

わたしは冷たいビールにします。

> 명사에 ~にする가 접속하면 선택을 나타낸다.
>
> 冷(つめ)たい 차갑다
> ビール 맥주

□□□ 밥으로 하시겠어요, 빵으로 하시겠어요?

ご飯にしますか、パンにしますか。

ご飯にしますか、パンにしますか。

> 둘 중에 하나의 선택을 요구할 때는 ~にしますか、~にしますか로 표현한다.
>
> ご飯(はん) 밥
> パン 빵

□□□ 스케줄을 좀 더 편하게 합시다.

スケジュールをもっと楽にしましょう。

スケジュールをもっと楽にしましょう。

> 형용동사에 する가 접속하면 '~하게 하다'의 뜻을 나타낸다.
>
> スケジュール 스케줄
> もっと 더욱, 좀 더, 한층
> 楽(らく)だ 편하다

□□□ 복장은 간소하게 합시다.

服装は簡素にしましょう。

服装は簡素にしましょう。

> ~ます의 권유형인 ~ましょう는 상대에게 뭔가를 권유하거나 의지를 나타내기도 합니다.
>
> 服装(ふくそう) 복장
> 簡素(かんそ)だ 간소하다

UNIT 15 ～으로 하다/～하게 하다 | 49

□□□ 여러분, 여기서는 조용히 합시다.

皆さん、ここでは静かにしましょう。

皆さん、ここでは静かにしましょう。

皆(みな)さん 여러분
ここでは 여기서는
静(しず)かだ 조용하다

□□□ 복잡한 것을 간단히 했습니다.

複雑なことを簡単にしました。

複雑なことを簡単にしました。

複雑(ふくざつ)だ 복잡하다
こと 것, 일
簡単(かんたん)だ 간단하다

A: あそこで何(なに)か飲(の)みましょうか。

B: いいですね。わたしも何(なに)か飲(の)みたいです。

A: コーヒーにしますか。それともジュースにしますか。

B: 熱(あつ)いコーヒーにします。

A: 저기에서 뭔가 마실까요?
B: 좋아요. 저도 무언가 마시고 싶습니다.
A: 커피로 할까요, 아니면 주스로 할까요?
B: 뜨거운 커피로 하겠습니다.

それとも는 '그렇지 않으면, 아니면, 혹은'의 뜻으로 둘 중 하나를 고를 때 쓴다.

あそこで 저기에서
何(なに)か 무언가
飲(の)む 마시다
いい 좋다
コーヒー 커피
それとも 그렇지 않으면
ジュース 주스
熱(あつ)い 뜨겁다

▮ 우리말 해석을 보고 빈칸에 알맞는 일본어를 써넣으세요.

01. 그는 일본 제일의 음악가가 되었습니다.
    彼は日本一の音楽家になりました。

02. 벌써 오후 5시가 되었습니다.
    もう午後5時になりました。

03. 점점 서늘해집니다.
    だんだん涼しくなります。

04. 이제부터 일본어는 어려워집니다.
    これから日本語は難しくなります。

05. 이 거리도 깨끗해졌군요.
    この街もきれいになりましたね。

06. 이 주변도 상당히 조용해졌습니다.
    この辺りもなかなか静かになりました。

07. 바지 자락은 길게 하겠습니까?
    ズボンのすそは長くしますか。

08. 카레는 맵지 않게 했습니다.
    カレーは辛くなくしました。

09. 나는 차가운 맥주로 하겠습니다.
    わたしは冷たいビールにします。

10. 여러분, 여기서는 조용히 합시다.
    皆さん、ここでは静かにしましょう。

우리말 대화문을 보고 밑줄에 일본어를 넣어 대화를 완성해보세요.

A: もう _____
B: そうですね。今日はなかなか寒いですよ。

    A: 벌써 겨울이 되었군요.
    B: 그렇군요. 오늘은 꽤 추워요.

A: この頃、忙しいですか。
B: ええ、少し _____

    A: 요즘 바쁘세요?
    B: 네, 조금 일이 바빠졌습니다.

A: 日本語が _____
B: いいえ、まだまだです。

    A: 일본어가 능숙해졌군요.
    B: 아니오, 아직 멀었습니다.

A: 部屋がちょっと暗くありませんか。
B: そうですね。_____

    A: 방이 좀 어둡지 않습니까?
    B: 그렇군요. 조금 밝게 할까요?

A: コーヒー _____
B: 熱いコーヒーにします。

    A: 커피로 할까요, 아니면 주스로 할까요?
    B: 뜨거운 커피로 하겠습니다.

따라쓰기만 해도 혼자서 일본어를 할 수 있다!

PART 02

동사의 て형

イ음편 -いて(で)
촉음편 -って
하네루음편 -んで
무음편 -て

동사의 て형

1. 1단동사의 て형

1단동사와 변격동사의 경우 접속조사 て가 이어질 때는 앞서 배운 ます가 접속할 때와 마찬가지로 어미 る가 생략된 형태에 이어집니다. 이것을 편의상 て형으로 하겠습니다.

기본형	의 미	~て	의 미
起(お)きる	일어나다	起きて	일어나고, 일어나서
食(た)べる	먹다	食べて	먹고, 먹어서

2. イ음편

5단동사의 기본형 어미가 く·ぐ인 경우에 나열·동작의 연결·원인·이유·설명을 나타내는 접속조사 て가 이어질 때는 어미 く·ぐ가 い로 바뀝니다. 이것을 い음편이라고 합니다. 단, 어미가 ぐ인 경우는 탁음이 て에 이어져 で로 연탁이 되므로 주의해야 합니다.

기본형	의 미	~て	의 미
書(か)く	쓰다	書いて	쓰고, 써서
泳(およ)ぐ	헤엄치다	泳いで	헤엄치고, 헤엄쳐서

3. 촉음편

5단동사의 기본형 어미가 う·つ·る인 경우에 나열·동작의 연결·원인·이유·설명을 나타내는 접속조사 て가 이어질 때는 어미 う·つ·る가 촉음 っ로 바뀝니다. 이것을 촉음편이라고 합니다.

기본형	의 미	~て	의 미
買(か)う	사다	買って	사고, 사서
待(ま)つ	기다리다	待って	기다리고, 기다려서
乗(の)る	타다	乗って	타고, 타서

4. 하네루 음편

5단동사의 기본형 어미가 ぬ·む·ぶ인 경우에 나열·동작의 연결·원인·이유·설명을 나타내는 접속조사 て가 이어질 때는 어미 ぬ·む·ぶ가 하네루 음인 ん으로 바뀝니다. 이것을 하네루 음편이라고 합니다. 하네루 음편의 경우는 ん의 영향으로 접속조사 て가 で로 탁음이 됩니다.

NOTE

동사의 て형

기본형	의 미	~て	의 미
飲(の)む	마시다	飲んで	마시고, 마셔서
呼(よ)ぶ	부르다	呼んで	부르고, 불러서
死(し)ぬ	죽다	死んで	죽고, 죽어서

5. 5단동사의 무음편과 예외

5단동사 중에 어미가 **す**로 끝나는 것은 **ます**가 접속될 때와 마찬가지로 음편을 하지 않습니다. 또한 5단동사 중에 유일하게 **行く**(가다)만은 **い**음편을 하지 않고 촉음편을 합니다.

기본형	의 미	~て	의 미
話(はな)す	이야기하다	話して	이야기하고
行(い)く	가다	行って	가고, 가서

6. 변격동사의 て형

변격동사인 **くる**(오다)와 **する**(하다)에 나열·동작의 연결·원인·이유·설명을 나타내는 접속조사 **て**가 이어질 때도 **ます**가 접속될 때처럼 어간이 **き·し**로 변하고 어미 **る**가 탈락됩니다.

기본형	의 미	~て	의 미
来(く)る	오다	きて	오고, 와서
する	하다	して	하고, 해서

7. 예외적인 5단동사 て형

형태상 1단동사이지만 5단동사 활용을 하는 예외적인 5단동사는 어미가 **る**이므로 촉음편을 합니다.

기본형	~て(×)	~って(○)	의 미
知(し)る	知て	知って	알고, 알아서
入(はい)る	入て	入って	들어가고, 들어가서
走(はし)る	走て	走って	달리고, 달려서
帰(かえ)る	帰て	帰って	돌아가고, 돌아가서

NOTE

UNIT 01 (1단동사)~て

1단동사(見る 보다, 起きる 일어나다, 寝る 자다, 食べる 먹다 등)에 나열, 동작의 연결, 원인, 이유, 설명을 나타내는 접속조사 て(~하며, ~하여, ~해서, ~하고)가 이어질 때는 앞서 배운 ます가 이어질 때와 마찬가지로 어미 동사임을 결정짓는 る가 탈락되며, 여기서 접속조사 て는 어떤 동작에서 다른 동작으로 이어주는 경우에 쓰입니다. 見る → 見て, 起きる → 起きて, 寝る → 寝て, 食べる → 食べて

□□□ 아침에 일어나서 무엇을 합니까?

朝起きて何をしますか。

朝起きて何をしますか。

1단동사에 접속조사 て가 연결될 때는 어미 る가 탈락된다.

朝(あさ) 아침
起(お)きる 일어나다
何(なに) 무엇

□□□ 운동복을 입고 조깅을 합니다.

スポーツウエアーを着てジョギングをします。

スポーツウエアーを着てジョギングをします。

スポーツウエアー 운동복
着(き)る 입다
ジョギング 조깅

□□□ 급한 일이 생겨서 가지 않았습니다.

急用ができて、行きませんでした。

急用ができて、行きませんでした。

急用(きゅうよう) 급한 일
できる 생기다
行(い)く 가다

□□□ 열이 나서 쉬었습니다.

熱が出て、休みました。

熱が出て、休みました。

熱(ねつ) 열
出(で)る 나오다
休(やす)む 쉬다

□□□ 텔레비전을 보고 신문을 읽습니다.

テレビを見て新聞を読みます。

テレビを見て新聞を読みます。

テレビ 텔레비전
見(み)る 보다
新聞(しんぶん) 신문
読(よ)む 읽다

□□□ 그는 개를 데리고 공원에 갔습니다.

彼は犬を連れて公園へ行きました。

彼は犬を連れて公園へ行きました。

彼(かれ) 그, 그이
犬(いぬ) 개
連(つ)れる 데리고 오(가)다
公園(こうえん) 공원
行(い)く 가다

A: 木村さんのお誕生日はいつでしたか。

B: 先週の金曜日でした。

A: パーティーに何を着て参加しましたか。

B: 素敵な背広を着て参加しました。

A: 기무라 씨 생일은 언제였습니까?
B: 지난주 금요일이었습니다.
A: 파티에 무엇을 입고 참석했습니까?
B: 근사한 양복을 입고 참석했습니다.

お誕生日(たんじょうび) 생일
先週(せんしゅう) 지난주
金曜日(きんようび) 금요일
パーティー 파티
着(き)る 입다
参加(さんか)する 참석하다
素的(すてき)だ 멋지다
背広(せびろ) 양복

UNIT 02 (5단동사)~いて[で]・して

5단동사의 어미 형태가 く ぐ(書く 쓰다, 脱ぐ 벗다)인 경우 나열, 동작의 연결, 원인, 이유, 설명을 나타내는 접속조사 て(~하며, ~하여, ~해서, ~하고)가 이어질 때는 い로 바뀌어 접속조사 て가 이어지며, 어미가 ぐ인 경우는 탁음이 て에 이어져 で가 됩니다. 이것을 イ음편이라고 합니다. 그러나 어미가 す인 경우는 음편을 하지 않고 ます가 접속할 때와 동일합니다. 書く → 書いて, 脱ぐ → 脱いで

□□□ 감기에 걸려 학교를 쉬었습니다.

風邪を引いて、学校を休みました。

風邪を引いて、学校を休みました。

> 5단동사 어미가 -く인 경우는 접속조사 て가 이어지면 -いて의 형태를 취한다.
>
> **風邪**(かぜ) 감기
> **引**(ひ)**く** 끌다
> **学校**(がっこう) 학교
> **休**(やす)**む** 쉬다

□□□ 전등을 끄고 침대에 들어갔습니다.

電灯を消して、ベッドに入りました。

電灯を消して、ベッドに入りました。

> 5단동사 어미가 -す인 경우는 접속조사 て가 이어지면 -して의 형태를 취한다.
>
> **電灯**(でんとう) 전등
> **消**(け)**す** 끄다
> **ベッド** 베드, 침대
> **入**(はい)**る** 들어가(오)다

□□□ 글자를 써서 설명을 했습니다.

字を書いて、説明をしました。

字を書いて、説明をしました。

> **字**(じ) 글씨
> **書**(か)**く** 쓰다
> **説明**(せつめい) 설명

□□□ 외투를 벗고 안으로 들어갔습니다.

外套を脱いで、中に入りました。

外套を脱いで、中に入りました。

> 5단동사 어미가 -ぐ인 경우는 접속조사 て가 이어지면 -いで의 형태를 취한다.
>
> **外套**(がいとう) 외투
> **脱**(ぬ)**ぐ** 벗다
> **中**(なか)**に** 안으로
> **入**(はい)**る** 들어가(오)다

□□□ 풀장에서 헤엄치고 집에 왔습니다.

プールで泳いで、うちへ帰りました。

プールで泳いで、うちへ帰りました。

プールで 풀장에서
泳(およ)ぐ 헤엄치다
うちへ 집에(으로)
帰(かえ)る 돌아가(오)다

□□□ 편지를 부치고 회사에 갔습니다.

手紙を出して会社へ行きました。

手紙を出して会社へ行きました。

手紙(てがみ) 편지
出(だ)す 내다, 부치다
会社(かいしゃ) 회사
行(い)く 가다

A: どうして会社を休みましたか。

B: ひどい風邪を引いて病院へ行きました。

A: 今日も風邪がひどいですか。

B: いいえ、きのうよりひどくはありません。

A: 왜 회사를 쉬었습니까?
B: 심한 감기에 걸려서 병원에 갔습니다.
A: 오늘도 감기가 심합니까?
B: 아니오, 어제보다 심하지는 않습니다.

風邪を引く 감기가 걸리다

どうして 왜, 어째서
会社(かいしゃ) 회사
休(やす)む 쉬다
ひどい 심하다
風邪(かぜ) 감기
引(ひ)く 끌다
病院(びょういん) 병원
行(い)く 가다
今日(きょう)も 오늘도
きのう 어제
より ~보다

UNIT 03 (5단동사)~って

5단동사의 어미 형태가 うつる(会う 만나다, 持つ 들다, ある 있다)인 경우 나열, 동작의 연결, 원인, 이유, 설명을 나타내는 접속조사 て(~하며, ~하여, ~해서, ~하고)가 이어질 때는 촉음 っ로 바뀌어 접속조사 て가 이어집니다. 이것을 촉음편이라고 합니다. 会う → 会って, 持つ → 持って, ある → あって

□□□ 친구를 만나서 영화를 보았습니다.

友達に会って映画を見ました。

友達に会って映画を見ました。

5단동사 어미가 -う인 경우는 접속조사 て가 이어지면 -って의 형태를 취한다.

友達(ともだち) 친구
~に会(あ)**う** ~을(를) 만나다
映画(えいが) 영화
見(み)**る** 보다

□□□ 그 서점은 책도 팔고, 커피도 팔았습니다.

あの書店は本も売って、コーヒーも売りました。

あの書店は本も売って、コーヒーも売りました。

5단동사 어미가 -る인 경우는 접속조사 て가 이어지면 -って의 형태를 취한다.

書店(しょてん) 서점
本(ほん) 책
売(う)**る** 팔다
コーヒー 커피

□□□ 선물을 들고 고향에 갔습니다.

お土産を持って国へ帰りました。

お土産を持って国へ帰りました。

5단동사 어미가 -つ인 경우는 접속조사 て가 이어지면 -って의 형태를 취한다.

お土産(みやげ) 선물
持(も)**つ** 들다
国(くに) 나라, 고향
帰(かえ)**る** 돌아가(오)다

□□□ 역에서 요시무라 씨도 기다리고 나카무라 씨도 기다렸습니다.

駅で吉村さんも待って、中村さんも待ちました。

駅で吉村さんも待って、中村さんも待ちました。

駅(えき)**で** 역에서
吉村(よしむら)**さん** 요시무라 씨
待(ま)**つ** 기다리다
中村(なかむら)**さん** 나카무라 씨

UNIT 03 ~하고, 하며, 해서 | 61

□□□ 버스를 타고 회사에 갑니다.

バスに乗って会社へ行きます。

バスに乗って会社へ行きます。

バス 버스
乗(の)る 타다
会社(かいしゃ) 회사
行(い)く 가다

□□□ 백화점에 가서 무엇을 샀습니까?

デパートへ行って何を買いましたか。

デパートへ行って何を買いましたか。

5단동사 行く(가다)의 경우는 예외적으로 -いて가 아니라 -って로 촉음편을 한다.

デパート 백화점
行(い)く 가다
何(なに)を 무엇을
買(か)う 사다

A: きのう、誰かに会いましたか。

B: はい、久しぶりに友達に会いました。

A: 友達に会って何をしましたか。

B: バーへ行ってビールを飲みました。

A: 어제 누군가를 만났습니까?
B: 네, 오랜만에 친구를 만났습니다.
A: 친구를 만나서 무엇을 했습니까?
B: 바에 가서 맥주를 마셨습니다.

~に会う ~을(를) 만나다

きのう 어제
誰(だれ)か 누군가
会(あ)う 만나다
久(ひさ)しぶりに 오랜만에
友達(ともだち) 친구
何(なに)を 무엇을
バー 바
ビール 맥주
飲(の)む 마시다

UNIT 04 (5단동사)~んで

5단동사의 어미 형태가 む ぶ ぬ(飲む 마시다, 呼ぶ 부르다, 死ぬ 죽다)인 경우 나열, 동작의 연결, 원인, 이유, 설명을 나타내는 접속조사 て(~하며, ~하여, ~해서, ~하고)가 이어질 때는 발음 ん으로 바뀌어 접속조사 て가 이어집니다. 이것을 발음편(撥音便)이라고 하며, 접속조사 て는 ん의 영향을 받아 で로 탁음이 됩니다.
飲む → 飲んで, 呼ぶ → 呼んで, 死ぬ → 死んで

□□□ 귀여운 개가 죽어 울었습니다.

かわいい犬が死んで、泣きました。

かわいい犬が死んで、泣きました。

> 5단동사 어미가 -ぬ인 경우는 접속조사 て가 이어지면 -んで의 형태를 취한다.
>
> かわいい 귀엽다
> 犬(いぬ) 개
> 死(し)ぬ 죽다
> 泣(な)く 울다

□□□ 좀 쉬고 일을 시작하겠습니다.

少し休んで仕事を始めます。

少し休んで仕事を始めます。

> 5단동사 어미가 -む인 경우는 접속조사 て가 이어지면 -んで의 형태를 취한다.
>
> 少(すこ)し 조금
> 休(やす)む 쉬다
> 仕事(しごと) 일
> 始(はじ)める 시작하다

□□□ 어젯밤은 책을 읽고 잤습니다.

ゆうべは本を読んで寝ました。

ゆうべは本を読んで寝ました。

> ゆうべ 어젯밤
> 本(ほん) 책
> 読(よ)む 읽다
> 寝(ね)る 자다

□□□ 어제 주스도 마시고 맥주도 마셨습니다.

きのうジュースも飲んで、ビールも飲みました。

きのうジュースも飲んで、ビールも飲みました。

> きのう 어제
> ジュース 주스
> 飲(の)む 마시다
> ビール 맥주

□□□ 새는 하늘을 날고, 사람들은 공원을 걸었습니다.

鳥は空を飛んで、人々は公園を歩きました。

鳥は空を飛んで、人々は公園を歩きました。

鳥(とり) 새
空(そら) 하늘
飛(と)ぶ 날다
人々(ひとびと) 사람들
*々 반복부호
公園(こうえん) 공원
歩(ある)く 걷다

□□□ 여러분의 이름을 불러 보겠습니다.

皆さんの名前を呼んでみます。

皆さんの名前を呼んでみます。

5단동사 어미가 -ぶ인 경우는 접속조사 て가 이어지면 -んで의 형태를 취한다.

皆(みな)さん 여러분
名前(なまえ) 이름
呼(よ)ぶ 부르다

A: 病院へ行ってみましたか。

B: はい、医者に診てもらいました。

A: 薬は飲みましたか。

B: はい、薬を飲んでぐっすり寝ました。

A: 병원에 가보았습니까?
B: 네, 의사에게 진찰을 받았습니다.
A: 약은 먹었습니까?
B: 네, 약을 먹고 푹 잤습니다.

~てもらう는 동작이나 행위를 상대로부터 받을 때 쓰이는 표현이다.
薬を飲む 약을 먹다

病院(びょういん) 병원
医者(いしゃ) 의사
診(み)る 보다(진찰)
~てもらう ~해받다
薬(くすり) 약
飲(の)む 마시다
ぐっすり 푹
寝(ね)る 자다

UNIT 05 して・きて / ~って

변격동사 くる와 する는 접속조사 て가 이어질 때 음편을 하지 않고 앞서 배운 ます가 접속될 때와 동일하게 어간이 き와 し로 변하여 て가 이어집니다. 5단동사 行く(가다)는 어미가 く인데도 불구하고 イ음편을 하지 않고 行って로 촉음편을 합니다. 또한 형태상 1단동사이면서도 5단활용을 하는 예외동사(帰る, 要る, 入る 등)도 어미가 る이기 때문에 촉음편을 합니다.

□□□ 늦잠을 자서 지각했습니다.

朝寝坊を**して**遅刻しました。

朝寝坊をして遅刻しました。

> 변격동사 **する**는 접속조사 て가 이어지면 어간도 변해 **して**의 형태를 취한다.
>
> **朝寝坊**(あさねぼう) 늦잠
> **遅刻**(ちこく)**する** 지각하다

□□□ 밖에서 무엇을 하고 집에 갔습니까?

外で何を**して**うちへ帰りましたか。

外で何をしてうちへ帰りましたか。

> **外**(そと)**で** 밖에서
> **何**(なに) 무엇
> **うちへ** 집에(으로)
> **帰**(かえ)**る** 돌아가(오)다

□□□ 친구가 와서 테니스를 하고 놀았습니다.

友達が**来て**テニスをして遊びました。

友達が来てテニスをして遊びました。

> 변격동사 **来**(く)**る**는 접속조사 て가 이어지면 어간도 변해 **きて**의 형태를 취한다.
>
> **友達**(ともだち) 친구
> **来**(く)**る** 오다 / **来**(き)**て**
> **テニス** 테니스
> **遊**(あそ)**ぶ** 놀다

□□□ 집에 가서 청소를 했습니다.

うちへ**帰って**掃除をしました。

うちへ帰って掃除をしました。

> 형태상 1단동사이지만 5단동사 활용하는 예외동사 **帰る**는 **帰って**의 형태를 취한다.
>
> **うちへ** 집에(으로)
> **帰**(かえ)**る** 돌아가(오)다
> **掃除**(そうじ) 청소

UNIT 05 ~하고, 하며, 해서 | 65

☐☐☐ 방에 들어와서 음악을 들었습니다.
部屋に入って音楽を聞きました。

部屋に入って音楽を聞きました。

> 형태상 1단동사이지만 5단동사 활용하는 예외동사 入る는 入って의 형태를 취한다.

部屋(へや) 방
入(はい)る 들어가(오)다
音楽(おんがく) 음악
聞(き)く 듣다

☐☐☐ 차가 달리고, 옆에는 사람이 걸어갔습니다.
車が走って、側には人が歩いて行きました。

車が走って、側には人が歩いて行きました。

車(くるま) 차
走(はし)る 달리다
側(そば) 옆
人(ひと) 사람
歩(ある)く 걷다
行(い)く 가다

A: どうして遅れましたか。
B: 朝寝坊をして遅刻しました。
A: ゆうべ、何をしましたか。
B: 日本から友達が来てお酒を飲みました。

A: 왜 늦었습니까?
B: 늦잠을 자서 지각했습니다.
A: 어젯밤 무엇을 했습니까?
B: 일본에서 친구가 와서 술을 마셨습니다.

朝寝坊をする 늦잠을 자다

どうして 왜, 어째서
遅(おく)れる 늦다
朝寝坊(あさねぼう) 늦잠
遅刻(ちこく)する 지각하다
ゆうべ 어젯밤
日本(にほん)から 일본에서
友達(ともだち) 친구
来(く)る 오다
お酒(さけ) 술
飲(の)む 마시다

▶ 우리말 해석을 보고 빈칸에 알맞은 일본어를 써넣으세요.

01. 아침에 일어나서 무엇을 합니까?

朝 ☐☐☐ 何をしますか。

02. 텔레비전을 보고 신문을 읽습니다.

テレビを ☐☐ 新聞を読みます。

03. 전등을 끄고 침대에 들어갔습니다.

電灯を ☐☐☐ 、ベッドに入りました。

04. 외투를 벗고 안으로 들어갔습니다.

外套を ☐☐☐ 、中に入りました。

05. 친구를 만나서 영화를 보았습니다.

友達に ☐☐☐ 映画を見ました。

06. 버스를 타고 회사에 갑니다.

バスに ☐☐☐ 会社へ行きます。

07. 귀여운 개가 죽어 울었습니다.

かわいい犬が ☐☐☐ 、泣きました。

08. 어젯밤은 책을 읽고 잤습니다.

ゆうべは本を ☐☐☐ 寝ました。

09. 늦잠을 자서 지각했습니다.

朝寝坊を ☐☐ 遅刻しました。

10. 집에 가서 청소를 했습니다.

うちへ ☐☐☐ 掃除をしました。

▶ 우리말 대화문을 보고 밑줄에 일본어를 넣어 대화를 완성해보세요.

A: パーティーに _____
B: 素敵な背広を着て参加しました。

A: 파티에 무엇을 입고 참석했습니까?
B: 근사한 양복을 입고 참석했습니다.

A: どうして会社を休みましたか。
B: ひどい _____

A: 왜 회사를 쉬었습니까?
B: 심한 감기에 걸려서 병원에 갔습니다.

A: 友達に _____
B: バーへ行ってビールを飲みました。

A: 친구를 만나서 무엇을 했습니까?
B: 바에 가서 맥주를 마셨습니다.

A: 薬は飲みましたか。
B: はい、_____

A: 약은 먹었습니까?
B: 네, 약을 먹고 푹 잤습니다.

A: どうして遅れましたか
B: 朝寝坊を _____

A: 왜 늦었습니까?
B: 늦잠을 자서 지각했습니다.

UNIT 06 (동사)~ている

동사에 접속조사 て가 접속한 형태에 보조동사 いる(있다)가 접속된 ~ている는 우리말의 '~하고 있다'라는 뜻으로 동작의 진행을 나타냅니다. 1단동사의 경우는 음편이 ます가 접속할 때와 마찬가지이며, 5단동사의 경우는 음편이 있습니다. 단, 어미가 ぐ ぬ ぶ む인 경우는 ~でいる가 되며, 변격동사는 어간이 변하며 来ている, している가 됩니다.

□□□ 김씨는 식료품을 사고 있습니다.

キムさんは食料品を買っています。

キムさんは食料品を買っています。

> 동사에 ~ている가 접속하면 '~하고 있다'의 뜻으로 동작의 진행을 나타낸다.
>
> 食料品(しょくりょうひん) 식료품
> 買(か)う 사다

□□□ 당신은 무엇을 하고 있었습니까?

あなたは何をしていましたか。

あなたは何をしていましたか。

> て에 접속하여 쓰이는 いる는 보조동사로 동작의 진행이나 상태를 나타낸다.
>
> 何(なに) 무엇
> する 하다

□□□ 그는 레스토랑에서 무엇을 먹고 있습니까?

彼はレストランで何を食べていますか。

彼はレストランで何を食べていますか。

> 彼(かれ) 그, 그이
> レストラン 레스토랑
> 何(なに) 무엇
> 食(た)べる 먹다

□□□ 차가 많이 달리고 있습니다.

車がたくさん走っています。

車がたくさん走っています。

> たくさん은 '많이'라는 뜻의 부사어로 발음할 때는 주로 줄여서 '닥상'이라고 한다.
>
> 車(くるま) 차
> たくさん 많이
> 走(はし)る 달리다

UNIT 06 ~하고 있다 | 69

□□□ 그는 밥을 먹고 이를 닦고 있습니다.

彼はご飯を食べて歯を磨いています。

彼はご飯を食べて歯を磨いています。

歯を磨く 이를 닦다

彼(かれ) 그, 그이
ご飯(はん) 밥
食(た)べる 먹다
歯(は) 이
磨(みが)く 닦다, 갈다

□□□ 차가운 주스를 마시고 있습니다.

冷たいジュースを飲んでいます。

冷たいジュースを飲んでいます。

冷(つめ)たい 차갑다
ジュース 주스
飲(の)む 마시다

A: うちに帰って、いつも何をしますか。
B: 食事をして、勉強をします。
A: そうですか。今は何をしていますか。
B: 今は、音楽を聞きながら、お茶を飲んでいます。

A: 집에 돌아가서 늘 무엇을 합니까?
B: 식사를 하고 공부를 합니다.
A: 그렇습니까? 지금은 무엇을 하고 있습니까?
B: 지금은 음악을 들으면서 차를 마시고 있습니다.

うち 집, 안
帰(かえ)る 돌아가(오)다
いつも 늘, 항상
食事(しょくじ) 식사
勉強(べんきょう) 공부
音楽(おんがく) 음악
聞(き)く 듣다, 묻다
~ながら ~하면서
お茶(ちゃ) 차
飲(の)む 마시다

UNIT 07 (동사)~ている

동사에 접속하는 ~ている는 동사의 성질에 따라서 동작의 결과로 생긴 상태를 나타내기도 합니다. 이때는 주로 우리말의 '~어 있다'의 뜻으로 상태를 나타내는 동사가 옵니다. 또한 단순히 상태만을 나타내는 동사는 '似(に)る 닮다, そびえる 솟다, すぐれる 뛰어나다' 등이 있으며, 이들 동사는 기본형 상태로 쓰이는 일은 없으며 반드시 ~ている의 형태로만 쓰입니다.

□□□ 요시다씨는 결혼했습니다.

吉田さんは結婚しています。

吉田さんは結婚しています。

> ~ている는 상태를 나타내는 동사에 접속하면 '~어 있다'의 뜻으로 동작이 행해진 상태를 나타낸다.

吉田(よしだ)さん 요시다 씨
結婚(けっこん)する 결혼하다

□□□ 꽃이 많이 피어 있습니다.

花がたくさん咲いています。

花がたくさん咲いています。

花が咲く 꽃이 피다

花(はな) 꽃
たくさん 많이
咲(さ)く 피다

□□□ 시계가 멈춰 있습니다.

時計が止まっています。

時計が止まっています。

時計(とけい) 시계
止(と)まる 멈추다

□□□ 벌레가 죽어 있습니다.

虫が死んでいます。

虫が死んでいます。

> 동사의 어미가 ぬ인 경우는 死ぬ 하나밖에 없다.

虫(むし) 벌레
死(し)ぬ 죽다

UNIT 07 ~되어 있다

□□□ 부인은 빨간 모자를 쓰고 있습니까?

奥さんは赤い帽子をかぶっていますか。

奥さんは赤い帽子をかぶっていますか。

帽子をかぶる 모자를 쓰다

奥(おく)さん 부인
赤(あか)い 빨갛다
帽子(ぼうし) 모자
かぶる 쓰다

□□□ 요시다 선생님은 학자로서 뛰어납니다.

吉田先生は学者として優れています。

吉田先生は学者として優れています。

吉田(よしだ) 요시다
先生(せんせい) 선생(님)
学者(がくしゃ) 학자
~として ~로써(자격)
優(すぐ)れる 뛰어나다

A: あの帽子をかぶっている人は誰ですか。

B: わたしの妹です。

A: あなたは誰かに似ていますか。

B: わたしは父親によく似ています。

A: 저 모자를 쓰고 있는 사람은 누구입니까?
B: 제 여동생입니다.
A: 당신은 누구를 닮았습니까?
B: 저는 아버지를 많이 닮았습니다.

優れる(뛰어나다), 似る(닮다) 등은 ~ている 형태로만 쓰인다.

帽子(ぼうし) 모자
かぶる (들)쓰다, 뒤집어쓰다
人(ひと) 사람
誰(だれ)か 누군가
妹(いもうと) 여동생
~に似(に)る ~을(를) 닮다
父親(ちちおや) 아버지
よく 잘, 많이

UNIT 08 (동사)~てある

본동사로 쓰일 때 いる는 생물의 존재, ある는 무생물의 존재를 나타내지만, 보조동사로 쓰이는 ~ている는 동사에 따라 진행(~하고 있다)을 나타내기도 하고 상태(~해 있다)를 나타내기도 합니다. 그러나 타동사에 상태를 나타내는 보조동사 ある(있다)가 접속된 ~てある는 '~되어 있다'의 뜻으로 행위나 동작 결과의 상태를 나타냅니다.

□□□ 벽에 지도가 붙어 있습니다.

壁に地図が貼ってあります。

壁に地図が貼ってあります。

> ~てある는 '~되어 있다'의 뜻으로 행위나 동작의 결과의 상태를 나타낸다.

壁(かべ) 벽
地図(ちず) 지도
貼(は)る 붙이다

□□□ 피아노 그림이 걸려 있습니다.

ピアノの絵がかけてあります。

ピアノの絵がかけてあります。

> **絵をかける** 그림을 걸다

ピアノ 피아노
絵(え) 그림
かける 걸다

□□□ 물건이 예쁘게 진열되어 있군요.

品物がきれいに並べてありますね。

品物がきれいに並べてありますね。

> 형용동사가 부사적으로 쓰일 때는 **きれいに**처럼 어미가 に형태를 취한다.

品物(しなもの) 물건
きれいだ 예쁘다, 깨끗하다
並(なら)べる 늘어놓다, 진열하다

□□□ 방에 장미꽃이 장식되어 있습니다.

部屋にバラの花が飾ってあります。

部屋にバラの花が飾ってあります。

部屋(へや) 방
バラの花(はな) 장미꽃
飾(かざ)る 꾸미다

☐☐☐ 테이블에 과일이 놓여 있습니다.

テーブルに果物が置いてあります。

テーブルに果物が置いてあります。

テーブル 테이블
果物(くだもの) 과일
置(お)く 두다, 놓다

☐☐☐ 노트에는 이름이 적혀 있습니까?

ノートには名前が書いてありますか。

ノートには名前が書いてありますか。

ノート 노트, 공책
名前(なまえ) 이름
書(か)く 쓰다

A: つくえの上には何がありますか。

B: パソコンが置いてあります。

A: ファイルはどこにありますか。

B: 上から2番目の引き出しに入れてあります。

A: 책상 위에는 무엇이 있습니까?
B: 컴퓨터가 놓여 있습니다.
A: 파일은 어디에 있습니까?
B: 위에서 두 번째 서랍에 넣어두었습니다.

つくえ(机) 책상
上(うえ)には 위에는
パソコン 컴퓨터
置(お)く 두다, 놓다
ファイル 파일
どこ 어디
2番目(にばんめ) 두 번째
引き出し(ひきだし) 서랍
入(い)れる 넣다

UNIT 09 (동사)~てある

타동사에 접속조사 て가 이어진 형태에 상태를 나타내는 보조동사 ある가 접속된 ~てある는 '~해 두다'의 뜻으로 준비한 행위나 동작의 완료를 나타냅니다. 보조동사로 쓰이는 いる와 ある도 본동사와 마찬가지로 활용합니다. ~ています, ~ていません, ~ていて, ~てあります, ~てありません, ~てあって

□□□ 그 소설은 이미 읽었습니다.

あの小説はもう読んであります。

あの小説はもう読んであります。

> 타동사의 ~てある가 접속하면 '~해 두다'의 뜻으로 준비한 행위나 동작의 완료를 나타낸다.

小説(しょうせつ) 소설
もう 이미, 벌써
読(よ)む 읽다

□□□ 벌써 환전해 두었습니다.

もう両替してありました。

もう両替してありました。

> て에 접속하여 보조동사로 쓰이는 ある는 본동사 ある와 동일하게 활용한다.

両替(りょうがえ)する 환전하다

□□□ 정원에는 작은 나무가 심어져 있습니다.

庭には小さな木が植えてあります。

庭には小さな木が植えてあります。

> 小さな 작은 ↔ 大(おお)きな 큰, 커다란

庭(にわ) 마당, 뜰
小(ちい)さな 작은
木(き) 나무
植(う)える 심다

□□□ 재료를 잘라 두었습니다.

材料を切ってありました。

材料を切ってありました。

材料(ざいりょう) 재료
切(き)る 자르다

UNIT 09 ~해두다 | 75

□□□ 대금은 이미 지불해 두었습니다.

代金はもう払ってありました。

代金(だいきん) 대금
払(はら)う 지불하다

代金はもう払ってありました。

□□□ 여행 준비를 해 두었습니까?

旅行の準備をしてありましたか。

旅行(りょこう) 여행
準備(じゅんび) 준비
する 하다

旅行の準備をしてありましたか。

A: 旅行の準備はどうですか。

B: もう準備してありました。

A: 列車の切符は買いましたか。

B: はい、先週もう買ってありました。

A: 여행 준비는 어떻습니까?
B: 이미 준비해두었습니다.
A: 열차 표는 샀습니까?
B: 네, 지난주 이미 사두었습니다.

どうでうか는 상대의 의향을 묻는 표현이다.

旅行(りょこう) 여행
準備(じゅんび)する 준비하다
列車(れっしゃ) 열차
切符(きっぷ) 표
買(か)う 사다
先週(せんしゅう) 지난주
もう 이미, 벌써

UNIT 10 (동사)~ておく

동사에 접속조사 て가 이어진 형태에 '두다, 놓다'라는 뜻을 가진 보조동사 おく가 접속된 ~ておく는 '~해두다'의 뜻으로 행위나 동작 결과의 보존상태를 나타내기도 하고, 행위나 동작의 준비상태를 나타내기도 합니다. 본동사 置(お)く가 이처럼 보조동사를 쓰일 때는 한자로 표기하지 않고 おく로 표기하며 활용은 본동사와 동일하게 합니다.

□□□ 자료는 파일로 보존해 두겠습니다.

資料はファイルに保存しておきます。

資料はファイルに保存しておきます。

> ~ておく는 '~해두다'의 뜻으로 행위나 동작 결과의 보존 상태를 나타내기도 하고, 준비상태를 나타내기도 한다.

資料(しりょう) 자료
ファイル 파일
保存(ほぞん)する 보존하다

□□□ 가방을 저 로커에 보관해 두었습니다.

かばんをあのロッカーに保管しておきました。

かばんをあのロッカーに保管しておきました。

かばん 가방
ロッカー 로커
保管(ほかん)する 보관하다

□□□ 장미꽃을 거실에 장식해 두겠습니다.

バラの花を居間に飾っておきます。

バラの花を居間に飾っておきます。

バラの花(はな) 장미꽃
居間(いま) 거실
飾(かざ)る 꾸미다

□□□ 맥주를 차갑게 해두었습니다.

ビールを冷やしておきました。

ビールを冷やしておきました。

ビール 맥주
冷(ひ)やす 차게 하다, 식히다

UNIT 10 ~해두다 | 77

☐☐☐ 과자랑 음료수를 사두었습니다.

お菓子や飲み物を買っておきました。

お菓子や飲み物を買っておきました。

> 동사의 ます형에 物(もの)를 접속하면 '~하는 것'이라는 뜻의 명사를 만든다.

お菓子(かし) 과자
~や ~랑(사물의 열거)
飲み物(のみもの) 마실 것, 음료
買(か)う 사다

☐☐☐ 그럼, 지금 뭔가 먹어 두겠습니다.

じゃ、今のうち、何か食べておきます。

じゃ、今のうち、何か食べておきます。

じゃ 그럼
今(いま)のうち (뒤로 미루지 말고) 지금
何(なに)か 무언가
食(た)べる 먹다

A: 見積書、できていますか。

B: はい、デスクの上に提出しておきました。

A: ありがとう。帰りにビールでも飲みましょう。

B: いいですね。もう予約しておきました。

A: 견적서 다 되었습니까?
B: 네, 책상 위에 제출해두었습니다.
A: 고마워요. 귀갓길에 맥주라고 마십시다.
B: 좋지요. 이미 예약해두었습니다.

見積書(みつもりしょ) 견적서
できる 다 되다
デスク 데스크, 책상
上(うえ)に 위에
提出(ていしゅつ)する 제출하다
ありがとう 고맙다
帰(かえ)り 귀갓길
ビール 맥주
飲(の)む 마시다
いい 좋다
もう 이미, 벌써
予約(よやく)する 예약하다

▌우리말 해석을 보고 빈칸에 알맞은 일본어를 써넣으세요.

01. 그는 레스토랑에서 무엇을 먹고 있습니까?
彼はレストランで何を □□□□□□ か。

02. 차가운 주스를 마시고 있습니다.
冷たいジュースを □□□□□□ 。

03. 꽃이 많이 피어 있습니다.
花がたくさん □□□□□□ 。

04. 시계가 멈춰 있습니다.
時計が □□□□□□□ 。

05. 벽에 지도가 붙어 있습니다.
壁に地図が □□□□□□□ 。

06. 피아노 그림이 걸려 있습니다.
ピアノの絵が □□□□□□□ 。

07. 그 소설은 이미 읽었습니다.
あの小説はもう □□□□□□□ 。

08. 정원에는 작은 나무가 심어져 있습니다.
庭には小さな木が □□□□□□□ 。

09. 자료는 파일로 보존해 두겠습니다.
資料はファイルに保存 □□□□□□ 。

10. 맥주를 차갑게 해두었습니다.
ビールを □□□□□□□□ 。

▶ 우리말 대화문을 보고 밑줄에 일본어를 넣어 대화를 완성해보세요.

A: 今は何をしていますか。
B: 今は、音楽を _____

A: 지금은 무엇을 하고 있습니까?
B: 지금은 음악을 들으면서 차를 마시고 있습니다.

A: あなたは誰かに似ていますか。
B: わたしは _____

A: 당신은 누구를 닮았습니까?
B: 저는 아버지를 많이 닮았습니다.

A: ファイルはどこにありますか。
B: 上から2番目の _____

A: 파일은 어디에 있습니까?
B: 위에서 두 번째 서랍에 넣어두었습니다.

A: 列車の切符は買いましたか。
B: はい、先週 _____

A: 열차 표는 샀습니까?
B: 네, 지난주 이미 사두었습니다.

A: 見積書、できていますか。
B: はい、デスクの _____

A: 견적서 다 되었습니까?
B: 네, 책상 위에 제출해두었습니다.

UNIT 11 (동사)~てから

동사에 접속조사 て가 이어진 형태에 조사 から가 접속된 ~てから는 우리말의 '~하고 나서'의 뜻으로 앞의 동작이 일어난 후에 다른 동작이 행해지는 것을 나타냅니다. 반대로 동사의 기본형에 まえに를 접속하면 '~하기 전에'의 뜻으로 동작이 일어나기 전의 상태를 나타냅니다. 会ってから(만나고 나서), 飲んでから(마시고 나서), 見てから(보고 나서)

□□□ 돈을 모으고 나서 결혼하겠습니다.

お金をためてから、結婚します。

お金をためてから、結婚します。

> ~てから는 우리말의 '~하고 나서'의 뜻으로 앞의 동작이 일어난 후에 다른 동작이 행하여지는 것을 나타낸다.

- お金(かね) 돈
- ためる 저축하다
- 結婚(けっこん)する 결혼하다

□□□ 복습하고 나서 새 내용을 공부합니다.

復習してから、新しい内容を勉強します。

復習してから、新しい内容を勉強します。

- 復習(ふくしゅう)する 복습하다
- 新(あたら)しい 새롭다
- 内容(ないよう) 내용
- 勉強(べんきょう)する 공부하다

□□□ 집에 가서 무엇을 합니까?

家に帰ってから、何をしますか。

家に帰ってから、何をしますか。

> 家に帰る 집에 가다

- 家(いえ) 집
- 帰(かえ)る 돌아가(오)다
- 何(なに) 무엇

□□□ 운동을 하고 나서 샤워를 합니다.

運動をしてから、シャワーを浴びます。

運動をしてから、シャワーを浴びます。

> シャワーを浴びる 샤워를 하다

- 運動(うんどう) 운동
- シャワー 샤워
- 浴(あ)びる (물을) 들쓰다

□□□ 과일은 잘 씻고 나서 먹습니까?

果物はよく洗ってから食べますか。

果物はよく洗ってから食べますか。

果物(くだもの) 과일
よく 잘, 자주
洗(あら)う 씻다
食(た)べる 먹다

□□□ 텔레비전을 보고 나서 숙제를 했습니다.

テレビを見てから宿題をしました。

テレビを見てから宿題をしました。

テレビ 텔레비전
見(み)る 보다
宿題(しゅくだい) 숙제

A: うちへ帰って何をしますか。

B: まず、運動をしてから、シャワーを浴びます。

A: それから何をしますか。

B: ご飯を食べてから、テレビを見ます。

A: 집에 돌아가서 무엇을 합니까?
B: 먼저 운동을 하고 나서 샤워를 합니다.
A: 그리고 나서 무엇을 합니까?
B: 밥을 먹고 나서 텔레비전을 봅니다.

まず 먼저, 우선
運動(うんどう) 운동
する 하다
シャワーを浴びる 샤워를 하다
それから 그리고 나서
ご飯(はん) 밥
食(た)べる 먹다
テレビ 텔레비전
見(み)る 보다

UNIT 12 (동사)~てみる

동사에 접속조사 て가 이어진 형태에 보조동사 みる가 접속하여 ~てみる의 형태가 되면 '~해보다'의 뜻으로 뭔가를 시도하다라는 의미를 나타냅니다. 이처럼 보조동사로 쓰일 때는 見る라고 한자로 표기하지 않습니다. ~てみる도 본동사 見る와 마찬가지로 1단활용을 합니다. ~てみます, ~てみません, ~てみました, ~てみたい, ~てみながら, ~てみて

□□□ 공석이 있는지 없는지 물어보겠습니다.

空席があるかどうか聞いてみます。

空席があるかどうか聞いてみます。

> ~てみる는 '~해보다'의 뜻으로 동작이나 행위의 시도를 나타낸다.
>
> 空席(くうせき) 공석, 빈자리
> あるかどうか 있는지 없는지
> 聞(き)く 묻다, 듣다

□□□ 체온계로 재보겠습니다.

体温計で計ってみます。

体温計で計ってみます。

> 体温計(たいおんけい) 체온계
> 計(はか)る 재다

□□□ 알몸으로 헤엄쳐보지 않겠어요?

はだかになって泳いでみませんか。

はだかになって泳いでみませんか。

> はだか(裸)になる 알몸이 되다
> 泳(およ)ぐ 헤엄치다

□□□ 오늘 해보겠습니다.

今日やってみます。

今日やってみます。

> 今日(きょう) 오늘
> やる 하다

UNIT 12 ~해보다

□□□ 원숭이는 재주를 해보였습니다.

猿は芸を やってみせました。

猿は芸をやってみせました。

~てみせる ~해보이다

猿(さる) 원숭이
芸(げい) 재주
やる 하다
みせる 보이다

□□□ 그녀는 플라멩코를 춤춰 보였습니다.

彼女はフラメンコを 踊ってみせました。

彼女はフラメンコを踊ってみせました。

彼女(かのじょ) 그녀
フラメンコ 플라멩코
(스페인의 민속 무용)
踊(おど)る 춤추다

A: ゆうべから少し熱があります。

B: 熱を計ってみましたか。

A: ええ、病院へ行って計ってみました。

B: あ、そうですか。風邪ですか。

A: 어젯밤부터 조금 열이 있습니다.
B: 열을 재보았습니까?
A: 예, 병원에 가서 재보았습니다.
B: 아, 그렇습니까? 감기입니까?

ゆうべから 어젯밤부터
少(すこ)し 조금
熱(ねつ) 열
計(はか)る 재다
病院(びょういん) 병원
風邪(かぜ) 감기

UNIT 13 (동사)~てしまう

동사에 접속조사 て가 이어진 형태에 보조동사 しまう가 접속하면 '~해버리다, ~하고 말다'의 뜻으로 행위나 동작의 완료를 나타냅니다. 회화체에서는 ~てしまう(でしまう)를 ~ちゃう(ぢゃう)로 줄여서 말하기도 합니다. ~てしまう는 단순한 완료를 나타내기도 하지만, 동작이나 작용의 완료에 따르는 난처함이나 유감스러움을 나타내기도 합니다.

☐☐☐ 일본어를 마스터해버렸습니다.

日本語をマスターしてしまいました。

日本語をマスターしてしまいました。

> ~てしまう는 '~해버리다'의 뜻으로 행위나 동작의 완료를 나타낸다.
>
> 日本語(にほんご) 일본어
> マスターする 마스터하다

☐☐☐ 모두 외출해버려서 집에는 아무도 없습니다.

みんな出かけてしまって、家には誰もいません。

みんな出かけてしまって、家には誰もいません。

> みんな 모두
> 出(で)かける 나가다
> 家(いえ) 집
> 誰(だれ)も 아무도

☐☐☐ 나는 긴 머리를 잘라 버렸습니다.

わたしは長い髪をかってしまいました。

わたしは長い髪をかってしまいました。

> 髪を刈る 머리를 자르다
>
> 長(なが)い 길다
> 髪(かみ) 머리카락
> か(刈)る 자르다

☐☐☐ 배탈이 나고 말았습니다.

お腹を壊してしまいました。

お腹を壊してしまいました。

> お腹を壊す 배탈이 나다
>
> お腹(なか) 배
> 壊(こわ)す 탈을 내다, 부수다

UNIT 13 ～해버리다 | 85

□□□ 내릴 역을 지나쳐버렸습니다.

降りる駅を過ぎてしまいました。

降りる駅を過ぎてしまいました。

降(お)りる 내리다
駅(えき) 역
過(す)ぎる 지나다

□□□ 그 회사는 이미 그만둬버렸습니다.

あの会社はもう辞めてしまいました。

あの会社はもう辞めてしまいました。

화체에서는 ~てしまう를 ~ちゃう로 줄여서 말하기도 한다.

会社(かいしゃ) 회사
もう 이미, 벌써
辞(や)める 그만두다

A: 書店へ行って何を買いましたか。

B: ベストセラーの本を買いました。

A: 面白かったですか。

B: ええ、面白くて一晩で読んでしまいました。

A: 서점에 가서 무엇을 샀습니까?
B: 베스트셀러 책을 샀습니다.
A: 재미있었습니까?
B: 예, 재미있어서 하룻밤에 읽어버렸습니다.

형용사의 과거형은 어미 -い를 -かった로 바꾸면 된다.

書店(しょてん) 서점
買(か)う 사다
ベストセラー 베스트셀러
本(ほん) 책
面白(おもしろ)い 재미있다
一晩(ひとばん)で 하룻밤에
読(よ)む 읽다

UNIT 14 (동사)~ていく

동사에 접속조사 て가 이어진 형태에 보조동사 いく(가다)가 접속하면 점차로 어떤 상태로 되어가는 것을 나타냅니다. 보조동사로 쓰일 때는 行く(가다)라고 한자로 표기하지 않습니다. 行くは 5단동사이지만 예외적으로 イ음편을 하지 않고 촉음편을 합니다. 暑くなっていきます는 형용사 暑い(덥다)에 '되다'란 뜻의 なる에 보조동사 いく가 접속된 형태입니다.

□□□ 모든 물가가 올라갑니다.

諸物価が値上がりしていきます。

諸物価が値上がりしていきます。

💬 ~ていく는 점차로 어떤 상태로 되어 가는 것을 나타낸다.

諸物価(しょぶっか) 모든 물가
値上(ねあ)がる 가격이 오르다

□□□ 벚꽃이 져갑니다.

さくらの花が散っていきます。

さくらの花が散っていきます。

💬 花が散る 꽃이 지다
↔ 花が咲(さ)く 꽃이 피다

さくらの花(はな) 벚꽃
散(ち)る 지다

□□□ 지금부터 추워지겠군요.

これから寒くなっていきますね。

これから寒くなっていきますね。

💬 寒くなる 추워지다

これから 이제부터
寒(さむ)い 춥다

□□□ 점점 병은 무거워집니다.

ますます病気は重くなっていきます。

ますます病気は重くなっていきます。

💬 重くなる 무거워지다

ますます 점점 더, 더욱더
病気(びょうき) 병
重(おも)い 무겁다

UNIT 04 ~해가다(해지다) | 87

□□□ 봄이 되어 눈도 녹아갑니다.

春になって、雪も溶けていきます。

春になって、雪も溶けていきます。

春になる 봄이 되다

春(はる) 봄
雪(ゆき) 눈
溶(と)ける 녹다

□□□ 어려운 책을 술술 읽어나갑니다.

難しい本を読み進めていきます。

難しい本を読み進めていきます。

동사의 ます형에 進める를 접속하면 상태가 순조롭게 진행되어 가는 것을 나타낸다.

難(むずか)しい 어렵다
本(ほん) 책
読(よ)む 읽다
進(すす)める 나아가다

A: さくらの花が散っていきますね。

B: ええ、もうじき6月になりますよ。

A: あ、そうですか。これから暑くなっていきますね。

B: ええ、夏になりますね。

A: 벚꽃이 져가는군요.
B: 예, 이제 곧 6월이 되어요.
A: 아, 그래요? 이제부터 더워지겠네요.
B: 예, 여름이 되겠군요.

さくらの花(はな) 벚꽃
散(ち)る 지다
もうじき 이제 곧
6月(ろくがつ) 6월
これから 이제부터
暑(あつ)い 덥다
夏(なつ) 여름
~になる ~이(가) 되다

UNIT 15 (동사)~てくる

동사에 접속조사 て가 이어진 형태에 보조동사 くる(오다)가 접속한 ~てくる는 '~해오다, ~해지다'의 뜻으로 앞서 배운 ~ていく와는 반대로 어떤 상태로 변화되어 오는 과정을 나타냅니다. 보조동사로 쓰일 때는 来る(오다)라고 한자로 표기하지 않습니다. 정격동사는 어간이 변하지 않지만, 来る는 변격동사로 다른 말이 접속하여 활용할 때 어간이 변합니다.

□□□ 점점 살이 쪘습니다.

だんだん太ってきました。

だんだん太ってきました。

> ~てくる는 '~해오다, ~해지다'의 뜻으로 어떤 상태로 변화되어 오는 과정을 나타낸다.
>
> だんだん 점점
> 太(ふと)る 살찌다

□□□ 공부가 재미있어졌습니다.

勉強が面白くなってきました。

勉強が面白くなってきました。

> 面白くなる 재미있어지다
>
> 勉強(べんきょう) 공부
> 面白(おもしろ)い 재미있다

□□□ 거리의 네온이 밝아졌습니다.

街のネオンが輝いてきました。

街のネオンが輝いてきました。

> 街(まち) 거리
> ネオン 네온
> 輝(かがや)く 빛나다

□□□ 일본 생활에 익숙해졌습니다.

日本の生活に慣れてきました。

日本の生活に慣れてきました。

> ~に慣れる ~에 익숙하다
>
> 日本(にほん) 일본
> 生活(せいかつ) 생활
> 慣(な)れる 익숙해지다

UNIT 15 ~해오다(해지다) | 89

□□□ 체중이 점점 줄어들었습니다.

体重がだんだん減ってきました。

体重がだんだん減ってきました。

体重(たいじゅう) 체중, 몸무게
だんだん 점점, 차차
減(へ)る 줄다

□□□ 이제 곧 날이 밝아옵니다.

もうすぐ夜が開けてきます。

もうすぐ夜が開けてきます。

夜が明ける 날이 새다

もうすぐ 이제 곧
夜(よる) 밤
開(あ)ける 열다

A: 韓国の生活はどうですか。
B: ここの生活ももう1年になりますよ。
A: まだ不便なところはありませんか。
B: はい、ここの生活もずいぶん慣れてきましたよ。

A: 한국 생활은 어때요?
B: 여기 생활도 벌써 1년이 되어요.
A: 아직 불편한 점은 없습니까?
B: 예, 여기 생활도 무척 익숙해졌어요.

韓国(かんこく) 한국
生活(せいかつ) 생활
1年(いちねん) 1년
まだ 아직
不便(ふべん)だ 불편하다
ところ 곳
ずいぶん 무척, 대단히
慣(な)れる 익숙해지다

▌우리말 해석을 보고 빈칸에 알맞은 일본어를 써넣으세요.

01. 돈을 모으고 나서 결혼하겠습니다.
    お金を □□□□□、結婚します。

02. 운동을 하고 나서 샤워를 합니다.
    運動を □□□□、シャワーを浴びます。

03. 공석이 있는지 없는지 물어보겠습니다.
    空席があるかどうか □□□□□□□。

04. 그녀는 플라멩코를 춤춰 보였습니다.
    彼女はフラメンコを □□□□□□□□。

05. 일본어를 마스터해버렸습니다.
    日本語をマスター □□□□□□□□。

06. 배탈이 나고 말았습니다.
    お腹を □□□□□□□□□。

07. 벚꽃이 져갑니다.
    桜の花が □□□□□□□。

08. 지금부터 추워지겠군요.
    これから寒く □□□□□□□ね。

09. 점점 살이 쪘습니다.
    だんだん □□□□□□□。

10. 공부가 재미있어졌습니다.
    勉強が面白く □□□□□□。

우리말 대화문을 보고 밑줄에 일본어를 넣어 대화를 완성해보세요.

A: うちへ帰って何をしますか。
B: まず、＿＿＿＿＿＿＿＿＿＿＿＿＿＿＿＿

A: 집에 돌아가서 무엇을 합니까?
B: 먼저 운동을 하고 나서 샤워를 합니다.

A: ゆうべから少し熱があります。
B: 熱を＿＿＿＿＿＿＿＿＿＿＿＿＿＿＿＿

A: 어젯밤부터 조금 열이 있습니다.
B: 열을 재보았습니까?

A: 面白かったですか。
B: ええ、面白くて一晩で＿＿＿＿＿＿＿＿

A: 재미있었습니까?
B: 예, 재미있어서 하룻밤에 읽어버렸습니다.

A: もうじき6月になりますよ。
B: あ、そうですか。＿＿＿＿＿＿＿＿＿＿

B: 이제 곧 6월이 되어요.
A: 아, 그래요? 이제부터 더워지겠네요.

A: まだ不便なところはありませんか。
B: はい、ここの生活も＿＿＿＿＿＿＿＿＿

A: 아직 불편한 점은 없습니까?
B: 예, 여기 생활도 무척 익숙해졌어요.

UNIT 16 ~から

활용어(동사, 형용사, 형용동사, 조동사)에 접속하는 から는 우리말의 '~하니까, ~하므로, ~해서' 등의 뜻으로 뒤의 사항의 원인이나 이유를 말하며, 접속조사로 쓰이는 から는 주로 말하는 사람의 주관적인 원인이나 이유를 나타냅니다. 단정을 나타내는 だ(です)에 から가 접속되면 '~이니까, ~이므로'의 뜻으로 ~だから보다 ~ですから가 정중한 표현입니다.

□□□ 깨지기 쉬운 물건이니까 주의했습니다.

壊れやすい物だから注意しました。

壊れやすい物だから注意しました。

> から는 뒤의 사항의 주관적인 원인이나 이유를 나타낸다.
>
> 壊(こわ)れる 깨지다, 고장 나다
> 物(もの) 것, 물건
> 注意(ちゅうい)する 주의하다

□□□ 조용해서 무척 살기 편합니다.

静かだから、とても住みやすいです。

静かだから、とても住みやすいです。

> 동사의 ます형에 やすい가 접속하면 '~하기 편하다'라는 뜻의 형용사가 된다.
>
> 静(しず)かだ 조용하다
> とても 매우, 무척
> 住(す)む 살다

□□□ 9시부터 수업이니까 서둘러서 갑시다.

9時から授業ですから、急いで行きましょう。

9時から授業ですから、急いで行きましょう。

> 정중하게 원인이나 이유를 나타낼 때는 ~ですから로 표현한다.
>
> 9時(くじ) 9시
> ~から ~부터
> 授業(じゅぎょう) 수업
> 急(いそ)ぐ 서두르다
> 行(い)く 가다

□□□ 비가 내리니까 산책은 그만둡시다.

雨が降っているから、散歩は止めましょう。

雨が降っているから、散歩は止めましょう。

> 雨(あめ) 비
> 降(ふ)る 내리다
> 散歩(さんぽ) 산책
> 止(や)める 그만두다

UNIT 16 ~이(하)니까, ~이어(해)서 | 93

□□□ 거기 레스토랑은 싸니까 자주 갑니다.

あそこのレストランは安いから、よく行きます。

あそこのレストランは安いから、よく行きます。

あそこ 거기, 저기
レストラン 레스토랑
安(やす)い (값이) 싸다
よく 자주, 잘
行(い)く 가다

□□□ 볼일이 있어서 좀 늦게 갑니다.

用事があるから、ちょっと遅れて行きます。

用事があるから、ちょっと遅れて行きます。

用事(ようじ) 볼일
ある 있다
ちょっと 좀
遅(おく)れる 늦다
行(い)く 가다

A: あした、うちにいませんか。

B: あしたは暇だから、うちにいます。

A: では、どこへも出かけませんか。

B: いいえ、家内と買い物に出かけます。

A: 내일 집에 없습니까?
B: 내일은 쉬니까 집에 있습니다.
A: 그럼 어디에도 나가지 않습니까?
B: 아니오, 아내와 쇼핑을 나갑니다.

~だから를 정중하게 표현할 때는 ~ですから로 표현한다.

あした 내일
うち 집
暇(ひま)だ 한가하다
どこへも 어디에도
出(で)かける 나가다
家内(かない) 아내
買い物(かいもの) 물건사기, 쇼핑

UNIT 17 ~ので

활용어에 접속하는 ので는 우리말의 '~이므로, ~때문에' 등의 뜻으로 뒤의 사항의 원인이나 이유를 말하며, 접속조사로 쓰이는 ので는 주로 말하는 사람의 객관적인 원인이나 이유를 나타냅니다. 회화체에서는 んで로 쓰이기도 하며, 명사나 형용동사에 ので가 접속할 때는 な가 삽입되어 ~なので 형태를 취합니다. 이때는 '~이므로, ~때문에'로 해석합니다.

□□□ 아침부터 비가 와서 나가지 않습니다.

朝から雨なので、出かけません。

朝から雨なので、出かけません。

> ので는 뒤의 사항의 객관적인 원인이나 이유를 나타낸다.
>
> 朝(あさ)から 아침부터
> 雨(あめ) 비
> 出(で)かける 나가다

□□□ 맛있는 빵집이기 때문에 잘 팔립니다.

おいしいパン屋さんなので、よく売れます。

おいしいパン屋さんなので、よく売れます。

> ので가 명사에 접속할 때는 -なので의 형태를 취한다.
>
> おいしい 맛있다
> パン屋(や)さん 빵가게
> よく 잘, 많이
> 売(う)れる 팔리다

□□□ 교통이 불편해서 택시로 갑니다.

交通が不便なので、タクシーで行きます。

交通が不便なので、タクシーで行きます。

> ので가 형용동사에 접속할 때는 -なので의 형태를 취한다.
>
> 交通(こうつう) 교통
> 不便(ふべん)だ 불편하다
> タクシーで 택시로
> 行(い)く 가다

□□□ 피곤해서 집에 가서 쉬겠습니다.

疲れましたので、家に帰って休みます。

疲れましたので、家に帰って休みます。

> 疲(つか)れる 피곤하다, 지치다
> 家(いえ) 집
> 帰(かえ)る 돌아가(오)다
> 休(やす)む 쉬다

UNIT 17 ~이기(하기)때문에, ~이(하)므로

□□□ 이 케이크는 맛있어서 인기가 있습니다.

このケーキはおいしいので、人気があります。

このケーキはおいしいので、人気があります。

ケーキ 케이크
おいしい 맛있다
人気(にんき) 인기
ある 있다

□□□ 요즘 더워서 몸이 안 좋습니다.

最近、暑いですので、体の具合がよくありません。

最近、暑いですので、体の具合がよくありません。

最近(さいきん) 최근
暑(あつ)い 덥다
体(からだ) 몸
具合(ぐあい) 몸 상태, 형편
よい 좋다

A: ここは家賃も安いですね。

B: はい、交通が不便なので少し安いほうです。

A: 夜は静かですか。

B: もちろんです。とても静かです。

A: 여기는 집세도 싸군요.
B: 네, 교통이 불편하기 때문에 좀 싼 편입니다.
A: 밤에는 조용합니까?
B: 물론입니다. 매우 조용합니다.

~ほうです ~편(쪽)입니다

ここ 여기
家賃(やちん) 집세
安(やす)い (값이) 싸다
交通(こうつう) 교통
不便(ふべん)だ 불편하다
少(すこ)し 조금
夜(よる) 밤
静(しず)かだ 조용하다
もちろん 물론
とても 매우, 무척

UNIT 18 ~のに

활용어(동사, 형용사, 형용동사, 조동사)에 접속하는 조사 のに가 접속하면 '~한데(도)'의 뜻으로 예기치 못한 동작이나 작용의 결과에 대해서 의문의 기분이나 유감스런 기분을 나타냅니다. 명사나 형용동사에 のに가 접속할 때는 な가 삽입되어 ~なのに 형태를 취하며, 이때는 '~인데도, ~한데도'로 해석합니다. 学生なのに, 不便なのに, 飲んでいるのに

□□□ 아직 학생인데 공부를 하지 않습니다.

まだ学生なのに、勉強をしません。

まだ学生なのに、勉強をしません。

> のに는 활용어에 접속하여 예기치 못한 동작이나 작용의 결과에 대해서 의문의 기분이나 유감스런 기분을 나타낸다.
>
> まだ 아직
> 学生(がくせい) 학생
> 勉強(べんきょう) 공부

□□□ 나카무라 씨는 몸이 불편한데 왔습니다.

中村さんは体が不便なのに来ました。

中村さんは体が不便なのに来ました。

> 명사나 형용동사에 のに가 접속할 때는 -なのに의 형태를 취한다.
>
> 中村(なかむら)さん 나카무라 씨
> 体(からだ) 몸
> 不便(ふべん)だ 불편하다
> 来(く)る 오다

□□□ 아직 감기가 낫지 않았습니다. 푹 쉬었는데도요.

まだ風邪が治りません。ぐっすり休みましたのに。

まだ風邪が治りません。ぐっすり休みましたのに。

> のに는 문말에 쓰일 때는 유감을 나타내기도 한다.
>
> まだ 아직
> 風邪(かぜ) 감기
> 治(なお)る 낫다
> ぐっすり 푹
> 休(やす)む 쉬다

□□□ 반년밖에 배우지 않았는데 영어를 말합니다.

半年しか習っていないのに英語を話します。

半年しか習っていないのに英語を話します。

> 習っている 배우고 있다
>
> 半年(はんとし) 반년
> ~しか ~밖에
> 習(なら)う 배우다, 익히다
> 英語(えいご) 영어
> 話(はな)す 이야기하다

UNIT 18 ～한(인)데도 | 97

□□□ 오늘은 더운데도 스웨터를 입고 있습니다.

今日は暑いのにセーターを着ています。

今日は暑いのにセーターを着ています。

今日(きょう) 오늘
暑(あつ)い 덥다
セーター 스웨터
着(き)る 입다

□□□ 하지만, 약을 먹고 있는데 괜찮을까요?

でも、薬を飲んでいるのに大丈夫でしょうか。

でも、薬を飲んでいるのに大丈夫でしょうか。

飲んでいる 마시고 있다

でも 하지만
薬(くすり) 약
飲(の)む 마시다
大丈夫(だいじょうぶ)だ 괜찮다, 걱정 없다

A: 木村さんは風邪が治りましたか。

B: いいえ、まだ治っていません。

A: 今日も会社を休みませんでしたか。

B: はい、まだ熱があるのに、会社へ行きました。

A: 기무라 씨는 감기가 나았습니까?
B: 아니오, 아직 낫지 않았습니다.
A: 오늘도 회사를 쉬지 않았습니까?
B: 네, 아직 열이 있는데도 회사에 갔습니다.

風邪(かぜ) 감기
治(なお)る 낫다
まだ 아직
今日(きょう)も 오늘도
会社(かいしゃ) 회사
休(やす)む 쉬다
熱(ねつ) 열
ある 있다

UNIT 19 ~のために

ために는 명사나 활용어에 접속하여 목적, 원인이나 이유를 나타냅니다. ために가 명사에 접속할 때는 の를 매개로 ~のために의 형태로 쓰입니다. 또한 ~(の)ために는 に를 생략하고 쓰는 경우가 많습니다. 여기서처럼 ~(の)ために가 목적의 용법으로 쓰일 때는 우리말의 '~(을) 하기 위해서'라는 뜻을 나타냅니다.
今日のために(오늘을 위해), 遊ぶために(놀기 위해)

□□□ 나는 가족을 위해 일하고 있습니다.

わたしは家族のために働いています。

わたしは家族のために働いています。

> 명사에 접속하는 ~のために는 '~을 위하여'의 뜻으로 목적을 나타낸다.
>
> 家族(かぞく) 가족
> 働(はたら)く 일하다

□□□ 건강을 위해 조금 운동하고 있습니다.

健康のために、少し運動しています。

健康のために、少し運動しています。

> 健康(けんこう) 건강
> 少(すこ)し 조금
> 運動(うんどう)する 운동하다

□□□ 고양이를 위한 동물병원이 있습니다.

猫のための動物病院があります。

猫のための動物病院があります。

> 뒤의 명사에 이어질 때는 ~のための(~을 위한)의 형태를 취한다.
>
> 猫(ねこ) 고양이
> 動物(どうぶつ) 동물
> 病院(びょういん) 병원
> ある 있다

□□□ 장래를 위해 저축하고 있습니다.

将来のために、貯蓄しています。

将来のために、貯蓄しています。

> 将来(しょうらい) 장래
> 貯蓄(ちょちく)する 저축하다

UNIT 19 ~(을)를 위해서/~하기 위해서

□□□ 여기 사람들은 놀기 위해 아르바이트를 하고 있습니다.

ここの人たちは遊ぶためにアルバイトをしています。

ここの人たちは遊ぶためにアルバイトをしています。

> 동사에 ために가 접속할 때는 の를 생략한다.

人(ひと)たち 사람들
遊(あそ)ぶ 놀다
アルバイト 아르바이트

□□□ 돈을 빌리기 위해 찾아왔습니다.

お金を借りるために、訪ねてきました。

お金を借りるために、訪ねてきました。

> 활용어에 접속할 때는 の를 붙이지 않으며 に를 생략하기도 한다.

お金(かね) 돈
借(か)りる 빌리다
訪(たず)ねる 찾다, 방문하다

A: 素敵な洋服ですね。

B: 今日のために特別にデパートで買いました。

A: 今日、何かいいことでもありますか。

B: はい、彼女とデートがあります。

A: 멋진 옷이군요.
B: 오늘은 위해 특별히 백화점에서 샀습니다.
A: 오늘 무슨 좋은 일이라도 있습니까?
B: 네, 그녀와 데이트가 있어요.

素的(すてき)だ 멋지다
洋服(ようふく) 옷
特別(とくべつ)に 특별히
デパート 백화점
買(か)う 사다
今日(きょう) 오늘
何(なに)か 무언가
いいことでも 좋은 일이라도
彼女(かのじょ) 그녀, 여자친구
デート 데이트

UNIT 20 ~のために

ために는 명사나 활용어에 접속하여 목적을 나타낼 뿐만 아니라, 여기서처럼 원인이나 이유를 나타내는 용법으로 쓰일 때는 우리말의 '~(이기)하기 때문에'의 뜻을 나타냅니다. ために가 명사에 접속할 때는 の를 매개로 ~のために의 형태로 쓰이며, 형용동사에 접속할 때는 ~なために의 형태가 됩니다. 또한 ~(の)ために는 に를 생략하고 쓰는 경우가 많습니다.

□□□ 병 때문에 학교를 쉬었습니다.

病気のため学校を休みました。

病気のため学校を休みました。

~(の)ために는 뒤에 오는 사항의 원인이나 이유를 나타내기도 한다.

病気(びょうき) 병
学校(がっこう) 학교
休(やす)む 쉬다

□□□ 일 때문에 쉴 수가 없습니다.

仕事のため、休むことができません。

仕事のため、休むことができません。

동사 기본형에 ことができる가 접속하면 '~할 수가 있다'의 뜻이 된다.

仕事(しごと) 일
休(やす)む 쉬다
~ことができる ~할 수 있다

□□□ 버스가 늦게 와서 지각했습니다.

バスが遅れて来るため遅刻しました。

バスが遅れて来るため遅刻しました。

주로 ために의 に를 생략해서 쓰기도 한다.

バス 버스
遅(おく)れる 늦다
来(く)る 오다
遅刻(ちこく)する 지각하다

□□□ 멀어서 아침 일찍 집을 나왔습니다.

遠いため朝早く家を出ました。

遠いため朝早く家を出ました。

朝早く 아침 일찍
↔ 夜遅(よるおそ)く 밤늦게

遅(おそ)い 늦다
朝早(あさはや)く 아침 일찍
家(いえ) 집
出(で)る 나오다

UNIT 20 ~이기 때문에/~하기 때문에 | 101

□□□ 토마토를 싫어해서 토마토케첩도 먹지 않습니다.

トマトが嫌いなためトマトケチャップも食べません。

トマトが嫌いなためトマトケチャップも食べません。

> 형용동사에의 경우는 -なために가 된다.

トマト 토마토
嫌(きら)いだ 싫다
トマトケチャップ 케첩
食(た)べる 먹다

□□□ 소풍은 비 때문에 중지했습니다.

遠足は雨のために中止しました。

遠足は雨のために中止しました。

遠足(えんそく) 소풍
雨(あめ) 비
中止(ちゅうし)する 중지하다

A: きのう、スマートホンを買いましたか。

B: いいえ、買いませんでした。

A: あの店は閉まっていましたか。

B: はい、旅行のため、あすまで休みます。

A: 어제 스마트폰을 샀습니까?
B: 아니오, 사지 않았습니다.
A: 그 가게는 닫혀 있었습니까?
B: 네, 여행 때문에 내일까지 쉽니다.

> 스마트폰을 줄여서 スマホ라고도 한다.

スマートホン 스마트폰
買(か)う 사다
店(みせ) 가게
閉(し)まる 닫히다
旅行(りょこう) 여행
あすまで 내일까지
休(やす)む 쉬다

▼ 우리말 해석을 보고 빈칸에 알맞은 일본어를 써넣으세요.

01. 깨지기 쉬운 물건이니까 주의했습니다.
　　壊れやすい物 □□□ 注意しました。

02. 비가 내리니까 산책은 그만둡시다.
　　雨が降って □□□ 、散歩は止めましょう。

03. 아침부터 비가 와서 나가지 않습니다.
　　朝から雨 □□□ 、出かけません。

04. 피곤해서 집에 가서 쉬겠습니다.
　　疲れました □□ 、家に帰って休みます。

05. 아직 학생인데 공부를 하지 않습니다.
　　まだ学生 □□□ 、勉強をしません。

06. 오늘은 더운데도 스웨터를 입고 있습니다.
　　今日は暑 □□□ セーターを着ています。

07. 나는 가족을 위해 일하고 있습니다.
　　わたしは家族 □□□ 働いています。

08. 장래를 위해 저축하고 있습니다.
　　将来 □□□□ 、貯蓄しています。

09. 멀어서 아침 일찍 집을 나왔습니다.
　　遠い □□ 朝早く家を出ました。

10. 소풍은 비 때문에 중지했습니다.
　　遠足は雨 □□□□ 中止しました。

▶ 우리말 대화문을 보고 밑줄에 일본어를 넣어 대화를 완성해보세요.

A: あした、うちにいませんか。
B: あしたは _____

　A: 내일 집에 없습니까?
　B: 내일은 쉬니까 집에 있습니다.

A: ここは家賃も安いですね。
B: はい、交通が _____

　A: 여기는 집세도 싸군요.
　B: 네, 교통이 불편하기 때문에 좀 싼 편입니다.

A: 今日も会社を休みませんでしたか。
B: はい、まだ _____

　A: 오늘도 회사를 쉬지 않았습니까?
　B: 네, 아직 열이 있는데도 회사에 갔습니다.

A: 素敵な洋服ですね。
B: 今日 _____

　A: 멋진 옷이군요.
　B: 오늘은 위해 특별히 백화점에서 샀습니다.

A: あの店は閉まっていましたか。
B: はい、旅行 _____

　A: 그 가게는 닫혀 있었습니까?
　B: 네, 여행 때문에 내일까지 쉽니다.

따라쓰기만 해도 혼자서 일본어를 할 수 있다!

독학, 일본어 초급 2 따라쓰기

PART 03

부정표현과 요구표현

동사 부정형

형용사 부정형

형용동사 부정형

단정의 부정형

동사의 부정형

1. 1단동사, 변격동사 ~ない

1단동사의 부정형은 ます가 접속될 때와 마찬가지로 어미 る가 탈락되고 부정어 ない가 접속합니다. 변격동사 くる는 こない로, する는 しない로 각기 어간과 어미가 변합니다.

기본형	의 미	부정형	의 미
起(お)きる	일어나다	起きない	일어나지 않다
食(た)べる	먹다	食べない	먹지 않다
来(く)る	오다	こない	오지 않다
する	하다	しない	하지 않다

2. 5단동사 ~ない

동사의 부정형은 ない가 접속된 형태를 말합니다. 이 때 ない는 '없다'는 뜻이 아니라 '~(하)지 않다'의 뜻으로 부정을 나타냅니다. 또한 5단동사의 부정형은 어미 う단이 あ단으로 바뀌어 ない가 접속됩니다. 단, 어미가 う인 경우는 わない로 활용을 한다.

기본형	의 미	부정형	의 미
行(い)く	가다	行かない	가지 않다
泳(およ)ぐ	헤엄치다	泳がない	헤엄치지 않다
待(ま)つ	기다리다	待たない	기다리지 않다
乗(の)る	타다	乗らない	타지 않다
言(い)う	말하다	言わない	말하지 않다
読(よ)む	읽다	読まない	읽지 않다
飛(と)ぶ	날다	飛ばない	날지 않다
死(し)ぬ	죽다	死なない	죽지 않다
話(はな)す	이야기하다	話さない	이야기하지 않다

NOTE

형용사, 형용동사 부정형

3. 형용사 ~くない

형용사의 부정형은 ~くない입니다. 앞서 배운 정중한 부정 표현인 ~くありません과 동일하게 어미 い가 く로 바뀌어 부정어 ない가 접속합니다.

기본형	의 미	부정형	의 미
赤(あか)い	빨갛다	赤くない	빨갛지 않다
大(おお)きい	크다	大きくない	크지 않다
寒(さむ)い	춥다	寒くない	춥지 않다
遠(とお)い	멀다	遠くない	멀지 않다

4. 형용동사 ~ではない

형용동사의 부정형은 ~ではない입니다. 구어체에서는 보통 ~じゃない로 말하며, 부정형에 です를 접속하면 ~では(じゃ)ありません과 동일한 의미가 됩니다.

기본형	의 미	부정형	의 미
静(しず)かだ	조용하다	静かではない	조용하지 않다
有名(ゆうめい)だ	유명하다	有名ではない	유명하지 않다
便利(べんり)だ	편리하다	便利ではない	편리하지 않다
好(す)きだ	좋아하다	好きではない	좋아하지 않다

5. 명사 ~ではない

정중한 단정을 나타내는 です의 보통체인 だ의 부정형은 ~ではない입니다. 구어체에서는 보통 ~じゃない로 말하며, 부정형에 です를 접속하면 ~では(じゃ)ありません과 동일한 의미가 됩니다. 참고로 문어체에서는 だ보다는 である를 씁니다.

기본형	의 미	부정형	의 미
学生(がくせい)だ	학생이다	学生ではない	학생이 아니다
先生(せんせい)だ	선생이다	先生ではない	선생이 아니다
時計(とけい)だ	시계다	時計ではない	시계가 아니다
テレビだ	텔레비전이다	テレビではない	텔레비전이 아니다

NOTE

UNIT 01 (1단동사)~ない

1단동사의 부정형은 앞서 배운 ます가 접속될 때와 마찬가지로 어미 る가 탈락되어 부정어 ない가 접속됩니다. ない는 본래 '없다'라는 뜻의 형용사이지만, 이처럼 다른 말에 접속되어 쓰일 때는 '아니다'라는 뜻으로 부정을 나타냅니다. 부정의 뜻을 나타내는 ~ない는 ~ません으로 정중한 부정의 뜻을 나타냅니다. 見る → 見ない, 寝る → 寝ない

□□□ 요시무라 씨는 양복을 입지 않는다.

吉村さんは背広を着ない。

吉村さんは背広を着ない。

> ない는 본래 '없다'라는 뜻의 형용사이지만, 이처럼 다른 말에 접속되어 쓰일 때는 '~하지 않다'라는 뜻으로 부정을 나타낸다.
>
> 吉村(よしむら)さん 요시무라 씨
> 背広(せびろ) 양복
> 着(き)る 입다

□□□ 창문은 안 닫았니?

窓は閉めなかったの?

窓は閉めなかったの?

> 부정어 ない는 형용사처럼 활용을 하여 과거형은 なかった가 된다.
>
> 窓(まど) 창문
> 閉(し)める 닫다

□□□ 뉴스를 보지 않는 날도 있습니다.

ニュースを見ない日もあります。

ニュースを見ない日もあります。

> 1단동사에 부정어 ない가 접속할 때는 る가 탈락된 형태에 접속한다.
>
> ニュース 뉴스
> 見(み)る 보다
> 目(め) 눈
> ある 있다

□□□ 외국인에게 일본어를 가르치지 않습니다.

外国人に日本語を教えないです。

外国人に日本語を教えないです。

> 정중하게 부정을 하는 ~ないです는 ~ません과 같은 뜻이다.
>
> 外国人(がいこくじん) 외국인
> 日本語(にほんご) 일본어
> 教(おし)える 가르치다

UNIT 01 ~하지 않다 | 109

□□□ 맛없으니까 안 먹을래.

まずいから食べないよ。

まずいから食べないよ。

📋
まずい 맛없다
~から ~하니까(원인, 이유)
食(た)べる 먹다

□□□ 그녀는 아파트에 없었어.

彼女はアパートにいなかったよ。

彼女はアパートにいなかったよ。

💬
무생물의 존재를 나타내는 ある의 부정어는 ない(없다)이다.

📋
彼女(かのじょ) 그녀
アパート 아파트
いる 있다

A: このパン、食(た)べる?

B: いや、食(た)べないよ。

A: どうして?

B: まずいから食(た)べないわ。

A: 이 빵 먹을래?
B: 아니, 안 먹을래.
A: 왜?
B: 맛없으니까 안 먹을래.

💬
わ는 문장 끝에 여성어로 쓰이어 가벼운 결의나 주장, 다짐을 나타낸다.

📋
パン 빵
食(た)べる 먹다
いや 아니
どうして 왜, 어째서
まずい 맛없다

UNIT 02 (5단동사)~か·が·わ·さ·た·らない

어미가 く ぐ う す つ る인 5단동사의 부정형은 あ단(か が わ さ た ら)으로 바뀌어 부정을 나타내는 ない가 접속합니다. 단, 어미가 う인 경우는 ~あない가 아니라 ~わない로 활용합니다. 行く(가다) → 行かない, 泳ぐ(헤엄치다) → 泳がない 言う(말하다) → 言わない, 話す(이야기하다) → 話さない, 待つ(기다리다) → 待たない, 乗る(타다) → 乗らない

□□□ 오늘은 회사에 가지 않는다.

今日は会社へ行かない。

今日は会社へ行かない。

> 5단동사에 ない가 접속할 때는 어미가 あ단으로 바뀐다.
> 5단동사의 어미가 く인 경우는 あ단으로 바뀌어 -かない가 된다.

今日(きょう) 오늘
会社(かいしゃ)へ 회사에
行(い)く 가다

□□□ 그녀는 풀장에서 헤엄치지 않는다.

彼女はプールで泳がない。

彼女はプールで泳がない。

> 5단동사의 어미가 ぐ인 경우는 あ단으로 바뀌어 -がない가 된다.

彼女(かのじょ) 그녀
プールで 풀장에서
泳(およ)ぐ 헤엄치다

□□□ 이 가게에서는 아무 것도 사지 않았다.

この店では何も買わなかった。

この店では何も買わなかった。

> 5단동사의 어미가 う인 경우는 -あない가 아니라 -わない가 된다.

店(みせ)では 가게에서는
何(なに)も 아무것도
買(か)う 사다

□□□ 왜 리포트를 내지 않니?

どうしてレポートを出さないの。

どうしてレポートを出さないの。

> 5단동사의 어미가 す인 경우는 あ단으로 바뀌어 -さない가 된다.

どうして 왜, 어째서
レポート 리포트
出(だ)す 내다

UNIT 02 ~하지 않다 | 111

□□□ 그는 아무도 기다리지 않습니다.

彼は誰も待たないです。

彼は誰も待たないです。

> 5단동사의 어미가 つ인 경우는 あ단으로 바뀌어 -たない가 된다.

彼(かれ) 그, 그이
誰(だれ)も 아무도
待(ま)つ 기다리다

□□□ 비가 전혀 내리지 않았습니다.

雨が全然降らなかったです。

雨が全然降らなかったです。

> 5단동사의 어미가 る인 경우는 あ단으로 바뀌어 -らない가 된다.
> 降らなかったです
> = 降りませんでした

雨(あめ) 비
全然(ぜんぜん) 전혀
降(ふ)る 내리다

A: あす、どこかへ行く?

B: ううん、どこへも行かないよ。

A: じゃ、何をする?

B: うちで休むわ。

A: 내일 어딘가에 가니?
B: 아니, 아무 데도 안 가.
A: 그럼 무얼 할 거니?
B: 집에서 쉴 거야.

> わ는 문장 끝에 여성어로 쓰이어 가벼운 결의나 주장, 다짐을 나타낸다.

あす 내일
どこかへ 어딘가에
行(い)く 가다
ううん 아니
どこへも 어디에도
じゃ 그럼
うちで 집에서
休(やす)む 쉬다

UNIT 03 (5단동사)~な·ば·まない/こない·しない

동사의 어미가 む ぶ ぬ로 끝나는 5단동사의 부정형도 각각 あ단인 ま ば な로 바뀌어 부정어 ない가 접속합니다. 부정어 ない는 형용사와 동일하게 활용하며, 동사의 부정형에 です를 접속하면 정중한 부정을 나타내는 ~ません과 같은 의미가 됩니다. 동사의 부정형은 형용사의 연체형과 마찬가지로 ~ない 상태로 뒤의 명사를 수식합니다.

□□□ 죽지 않는 생물은 없습니다.

死なない生き物はありません。

死なない生き物はありません。

> 동사의 **ます**형에 **物**가 접속하면 '~하는 것'을 나타낸다.
> 5단동사의 어미가 **ぬ**인 경우는 あ단으로 바뀌어 -**なない**가 된다.
>
> 死(し)ぬ 죽다
> 生き物(いきもの) 생물

□□□ 하늘을 날지 않는 새도 있습니다.

空を**飛ばない**鳥もいます。

空を飛ばない鳥もいます。

> 5단동사의 어미가 **ぶ**인 경우는 あ단으로 바뀌어 -**ばない**가 된다.
>
> 空(そら) 하늘
> 飛(と)ぶ 날다
> 鳥(とり) 새
> いる 있다

□□□ 술은 마시지 않겠습니다.

お酒を**飲まない**です。

お酒を飲まないです。

> 5단동사의 어미가 **む**인 경우는 あ단으로 바뀌어 -**まない**가 된다.
> 飲まないです = 飲みません
>
> お酒(さけ) 술
> 飲(の)む 마시다

□□□ 나는 집에서 아무 것도 하지 않는다.

ぼくはうちで何も**しない**。

ぼくはうちで何もしない。

> 변격동사 する는 어간도 변하여 しない가 된다.
>
> ぼく(僕) 나
> うちで 집에서
> 何(なに)も 아무것도
> する 하다

UNIT 03 ～하지 않다 | 113

□□□ 요시무라 씨는 학교에 오지 않나요?

吉村さんは学校へ来ないんですか。

吉村さんは学校へ来ないんですか。

변격동사 来る는 어간도 변하여 こない가 된다.

吉村(よしむら)さん 요시무라 씨
学校(がっこう)へ 학교에
来(く)る 오다

□□□ 그는 오늘도 집에 가지 않는다.

彼は今日も家に帰らない。

彼は今日も家に帰らない。

예외동사 帰る는 5단동사 활용을 하여 帰らない가 된다.

彼(かれ) 그, 그이
今日(きょう)も 오늘도
家(いえ) 집
帰(かえ)る 돌아오(가)다

A: ここで遊ぶ?

B: ううん、遊ばないわよ。

A: どこで遊ぶ?

B: 今日はうちへ早く帰るわ。

A: 여기서 놀래?
B: 아니, 안 놀래.
A: 어디서 놀래?
B: 오늘은 집에 일찍 갈래.

ううん은 부정의 뜻을 나타낼 때는 '아니'이고, 대답을 망설일 때는 '으응'의 뜻이다.

遊(あそ)ぶ 놀다
どこで 어디에서
今日(きょう) 오늘
うちへ 집에
早(はや)く 일찍
帰(かえ)る 돌아오(가)다

UNIT 04 (형용사)~くない

형용사의 부정형도 앞서 배운 정중한 부정표현인 ~くありません(~하지 않습니다)과 마찬가지로 어미 い가 く로 바뀌어 부정어 ない가 접속된 ~くない(~하지 않다)의 형태를 취합니다. ~くない는 형용사와 마찬가지로 그 자체로 문장을 끝맺기도 하고 뒤의 명사를 수식하기도 합니다. 또한 ~くない에 です를 접속하면 ~くありません과 같은 뜻이 됩니다.

□□□ 이 디카는 비싸지 않아.

このデジカメは高くないよ。

このデジカメは高くないよ。

> 형용사의 부정형은 어미 い를 く로 바꾸고 부정어 ない를 접속한다.
>
> デジカメ 디지털카메라
> 高(たか)い (값이) 비싸다

□□□ 집에서 역까지는 별로 멀지 않다.

家から駅まではあまり遠くない。

家から駅まではあまり遠くない。

> ~から ~までは ~에서 ~까지는
>
> 家(いえ)から 집에서
> 駅(えき)まで 역까지
> あまり 그다지
> 遠(とお)い 멀다

□□□ 여기 겨울은 별로 춥지 않습니다.

ここの冬はあまり寒くないです。

ここの冬はあまり寒くないです。

> 寒くないです
> = 寒くありません
>
> ここ 여기
> 冬(ふゆ) 겨울
> あまり 그다지
> 寒(さむ)い 춥다

□□□ 싸지 않은 물건은 사지 않는다.

安くない品物は買わない。

安くない品物は買わない。

> ない의 부정형 자체로 뒤의 명사를 수식한다.
>
> 安(やす)い (값이) 싸다
> 品物(しなもの) 물건
> 買(か)う 사다

□□□ 올 겨울은 별로 춥지 않았다.

今年の冬はあんまり寒くなかった。

今年の冬はあんまり寒くなかった。

あんまりは あまりの 강조할 때 쓰는 표현이다.

今年(ことし) 올해
冬(ふゆ) 겨울
あんまり 그다지, 별로
寒(さむ)い 춥다

□□□ 영어 문제는 어렵지 않았습니다.

英語の問題は難しくなかったです。

英語の問題は難しくなかったです。

難しくなかったです
= 難しくありませんでした

英語(えいご) 영어
問題(もんだい) 문제
難(むずか)しい 어렵다

A: あの漫画、面白い？

B: ううん、あんまり面白くないよ。

A: じゃ、あの映画はどう？

B: 本当に面白いよ。

A: 그 만화 재밌니?
B: 아니, 별로 재미없어.
A: 그럼, 그 영화는 어때?
B: 정말 재밌어.

서로 알고 있는 사실을 화제로 삼을 때는 あの는 '저'라는 뜻이 아니라 '그'라는 뜻이 된다.

漫画(まんが) 만화
面白(おもしろ)い 재미있다
ううん 아니
あんまり 그다지
じゃ 그럼
どう 어떻게
本当(ほんとう)に 정말로

UNIT 05 (명사·형용동사)~ではない

명사나 형용동사의 부정형도 앞서 배운 정중한 부정표현인 ~ではありません과 마찬가지로 부정어 ない가 접속될 때도 ~ではない의 형태를 취합니다. ~ではない는 그 자체로 문장을 끝맺기도 하고 뒤의 명사를 수식하기도 합니다. 또한 ~ではない에 です를 접속하면 ~ではありません과 같은 뜻이 되며, 마찬가지로 회화에서는 ~じゃない로 줄여서 쓰기도 합니다.

□□□ 저 사람은 일본인이 아니다.

あの人は日本人ではない。

あの人は日本人ではない。

~です(~입니다)의 보통체인 ~だ(~이다)의 부정형은 ~ではない이다.

人(ひと) 사람
日本人(にほんじん) 일본인

□□□ 여기 교통은 편하지는 않다.

ここの交通は便利じゃない。

ここの交通は便利じゃない。

~ではない는 회화체에서는 ~じゃない로 줄여 쓴다.

ここ 여기
交通(こうつう) 교통
便利(べんり)だ 편리하다

□□□ 저 가수는 그다지 유명하지 않습니다.

あの歌手はあまり有名ではないです。

あの歌手はあまり有名ではないです。

~ではないです
= ~ではありません

歌手(かしゅ) 가수
あまり 그다지, 별로
有名(ゆうめい)だ 유명하다

□□□ 그는 깨끗하지 않는 아파트에 살고 있습니다.

彼はきれいではないアパートで住んでいます。

彼はきれいではないアパートで住んでいます。

彼(かれ) 그, 그이
きれいだ 깨끗하다, 예쁘다
アパート 아파트
住(す)む 살다

UNIT 05 ~이(가) 아니다 / ~하지 않다 | 117

□□□ 그 호텔 사람은 친절하지 않았다.

あのホテルの人は親切ではなかった。

あのホテルの人は親切ではなかった。

💬 ~ではない의 과거형은 ~ではなかった이다.

📋
ホテル 호텔
人(ひと) 사람
親切(しんせつ)だ 친절하다

□□□ 야마다 씨는 소박하지 않았습니다.

山田さんは素朴じゃなかったです。

山田さんは素朴じゃなかったです。

💬 ~じゃなかったです
= ~じゃありませんでした

📋
山田(やまだ)さん 야마다 씨
素朴(そぼく)だ 소박하다

A: このワンピースはどう?

B: いいね、でもちょっと派手(はで)じゃない?

A: あ、そうなの。この洋服(ようふく)はどう?

B: ちょっと地味(じみ)すぎるんじゃない?

A: 이 원피스 어때?
B: 좋아, 근데 좀 화려하지 않니?
A: 아, 그러니? 이 옷은 어때?
B: 좀 너무 수수하지 않니?

💬 そうなの의 の는 주로 여자들이나 아이들이 쓰는 말로 가벼운 물음을 나타낸다.

📋
ワンピース 원피스
いい 좋다
でも 하지만
ちょっと 좀
派手(はで)だ 화려하다
洋服(ようふく) 옷
地味(じみ)すぎる 너무 수수하다

▎우리말 해석을 보고 빈칸에 알맞는 일본어를 써넣으세요.

01. 요시무라 씨는 양복을 입지 않는다.

吉村さんは背広を□□□。

02. 뉴스를 보지 않는 날도 있습니다.

ニュースを□□□日もあります。

03. 그녀는 풀장에서 헤엄치지 않는다.

彼女はプールで□□□□。

04. 왜 리포트를 내지 않니?

どうしてレポートを□□□□の。

05. 죽지 않는 생물은 없습니다.

□□□□生き物はありません。

06. 그는 오늘도 집에 가지 않는다.

彼は今日も家に□□□□。

07. 집에서 역까지는 별로 멀지 않다.

家から駅まではあまり□□□□。

08. 싸지 않은 물건은 사지 않는다.

□□□□品物は買わない。

09. 저 사람은 일본인이 아니다.

あの人は日本人□□□□。

10. 저 가수는 그다지 유명하지 않습니다.

あの歌手はあまり有名□□□□です。

▶ 우리말 대화문을 보고 밑줄에 일본어를 넣어 대화를 완성해보세요.

A: このパン、食べる?

B: いや、_____

A: 이 빵 먹을래?
B: 아니, 안 먹을래.

A: あす、どこかへ行く?

B: ううん、_____

A: 내일 어딘가에 가니?
B: 아니, 아무 데도 안 가.

A: ここで遊ぶ?

B: ううん、_____

A: 여기서 놀래?
B: 아니, 안 놀래.

A: あの漫画、面白い?

B: ううん、_____

A: 그 만화 재밌니?
B: 아니, 별로 재미없어.

A: このワンピースはどう?

B: いいね、_____

A: 이 원피스 어때?
B: 좋아, 근데 좀 화려하지 않니?

UNIT 06 (동사)~ないで

동사의 부정형에 で를 접속한 ないで는 우리말의 '~하지 않고, ~하지 말고'의 뜻으로 다른 동작이나 상태에 이어질 때에 주로 쓰이며, 문장체에서 ずに로도 쓰이고 있습니다. 또한 ないで는 문장 끝에 ください, ほしい 따위의 말이 와서 '~하지 말아요(마세요), ~하지 말아다오(주오)'의 뜻으로 완곡한 금지를 바라는 뜻을 나타내기도 합니다.

□□□ 껍질을 벗기지 않고 사과를 먹습니다.

皮をむかないでりんごを食べます。

皮をむかないでりんごを食べます。

> ないで는 다른 동작이나 상태에 이어질 때에 주로 쓰인다.
>
> 皮(かわ) 껍질
> むく 벗기다
> りんご 사과
> 食(た)べる 먹다

□□□ 그는 안전벨트를 하지 않고 차를 운전합니다.

彼はシートベルトをしないで車を運転します。

彼はシートベルトをしないで車を運転します。

> 彼(かれ) 그, 그이
> シートベルト 안전벨트
> する 하다
> 車(くるま) 차
> 運転(うんてん)する 운전하다

□□□ 한눈도 팔지 않고 공부하고 있습니다.

わき目も振らないで勉強しています。

わき目も振らないで勉強しています。

> わき目を振る 한눈을 팔다
>
> わき目(め) 한눈
> 振(ふ)る 흔들다
> 勉強(べんきょう)する 공부하다

□□□ 울지 말고 이유를 말해요.

泣かないで、わけを話してよ。

泣かないで、わけを話してよ。

> ~てよ는 요구를 나타내는 ~てください를 간편하게 표현한 것이다.
>
> 泣(な)く 울다
> わけ 이유, 뜻
> 話(はな)す 이야기하다

UNIT 06 ~하지 않고(말고) | 121

☐☐☐ 내 옆에 오지 마요.

わたしの近くに来ないでよ。

わたしの近くに来ないでよ。

> ~ないでよ는 부정 요구를 나타내는 ~ないでください를 간편하게 표현한 것이다.

近(ちか)くに 근처에
来(く)る 오다

☐☐☐ 우산을 안 갖고 학교에 갔습니다.

傘を持たないで学校へ行きました。

傘を持たないで学校へ行きました。

傘(かさ) 우산
持(も)つ 들다
学校(がっこう) 학교
行(い)く 가다

A: 今日も雨なの?

B: うん、雨なのに、傘も持たないで出かけたよ。

A: あしたの約束は何時なの?

B: 午後6時だよ。時間に遅れないで。

A: 오늘도 비가 오니?
B: 응, 비가 오는데도 우산도 안 가지고 나갔어.
A: 내일 예약은 몇 시니?
B: 오후 6시야. 시간 늦지 말고.

> 물음을 나타내는 の가 명사에 접속할 때는 ~なの? 형태를 취한다.

今日(きょう) 오늘
雨(あめ) 비
傘(かさ) 우산
持(も)つ 들다
出(で)かける 나가다, 외출하다
あした 내일
約束(やくそく) 약속
何時(なんじ) 몇 시
午後(ごご) 오후
時間(じかん) 시간
遅(おく)れる 늦다

UNIT 07 (동사)~なくて

동사의 부정형에 접속조사 て가 이어진 ~なくて의 형태는 앞서 배운 ~ないで와는 달리 '~하지 않아서'의 뜻으로 앞에 오는 사항이 뒤에 오는 사항의 이유나 원인을 나타낼 때 주로 쓰입니다. 본래 ない는 '없다'의 뜻을 가진 형용사로 무생물의 존재를 나타내는 ある(있다)의 반대말입니다. 따라서 なくて의 형태로 단독으로 쓰이면 '없어서'의 뜻이 됩니다.

□□□ 잘 자지 못해서 잠이 부족합니다.

よく眠れなくて、寝不足です。

よく眠れなくて、寝不足です。

> ~なくて는 앞에 오는 사항이 뒤에 오는 사항의 이유나 원인을 나타낼 때 주로 쓰인다.

よく 잘
眠(ねむ)れる 자다
寝不足(ねぶそく) 잠 부족

□□□ 밥을 먹지 않아 난처합니다.

ご飯を食べなくて、困っています。

ご飯を食べなくて、困っています。

ご飯(はん) 밥
食(た)べる 먹다
困(こま)る 곤란하다, 난처하다

□□□ 전차가 붐비지 않아서 다행이었습니다.

電車が混まなくて、助かりました。

電車が混まなくて、助かりました。

電車(でんしゃ) 전철
混(こ)む 혼잡하다
助(たす)かる 도움이 되다

□□□ 친구가 없어서 혼자서 있습니다.

友達がいなくて、一人でいます。

友達がいなくて、一人でいます。

> 생물의 존재를 나타내는 いる(있다)의 부정형은 いない이다.

友達(ともだち) 친구
いる 있다
一人(ひとり)で 혼자서

UNIT 07 ~하지 않아서 | 123

□□□ 물이 나오지 않아서 밥도 못 짓습니다.

水が出なくて、ご飯も作れません。

水が出なくて、ご飯も作れません。

> ご飯を作る 밥을 짓다
>
> 水(みず) 물
> 出(で)る 나오다
> ご飯(はん) 밥
> 作(つく)れる 만들 수 있다

□□□ 운동을 하지 않아서 몸이 나빠졌습니다.

運動をしなくて、体が悪くなりました。

運動をしなくて、体が悪くなりました。

> 悪くなる 나빠지다
>
> 運動(うんどう) 운동
> する 하다
> 体(からだ) 몸
> 悪(わる)い 나쁘다

A: 先月、何かあったの?

B: 交通事故があったよ。

A: 命にかかわらなくてよかったね。

B: 不幸中の幸いだった。

A: 지난달 무슨 일 있었니?
B: 교통사고가 있었어.
A: 목숨은 잃지 않아서 다행이야.
B: 불행 중 다행이었어.

> よかった는 よい(좋다)의 과거형으로 ~てよかった의 형태로 쓰이면 '~해서 다행이다'는 표현이 된다.
> ~なくてよかった
> ~하지 않아서 다행이다
>
> 先月(せんげつ) 지난달
> 何(なに)か 무언가
> 交通事故(こうつうじこ)
> 교통사고
> 命(いのち) 목숨
> かかわる 걸리다, 관계되다
> よかった 다행이다
> 不幸中の幸 불행 중 다행

UNIT 08 (동사)~てもいい

동사나 형용사, 형용동사, 조동사에 접속조사 て(で)가 이어진 형태에 조사 も를 합친 て(で)も(~해도)에 '좋다'는 뜻을 가진 형용사 いい를 접속한 ~て(で)もいい의 형태는 우리말의 '~해도 좋다'로 허가나 허용을 나타냅니다. 명사에 접속하는 ~でもいい는 '~이라도 괜찮다'의 뜻이 되며, 이와 비슷한 표현으로 ~て(で)もかまわない(~해도 상관없다)가 있습니다.

□□□ 사진을 찍어도 됩니까?

写真を撮ってもいいですか。

写真を撮ってもいいですか。

> ~てもいい는 '~해도 좋다'는 허가나 허용을 나타낸다.

写真(しゃしん) 사진
撮(と)る 찍다

□□□ 이 책을 빌려 읽어도 됩니까?

この本を借りて読んでもいいですか。

この本を借りて読んでもいいですか。

本(ほん) 책
借(か)りる 빌리다
読(よ)む 읽다

□□□ 점심을 먹어도 됩니까?

お昼ご飯を食べてもいいですか。

お昼ご飯を食べてもいいですか。

お昼(ひる)ご飯(はん) 점심밥
食(た)べる 먹다

□□□ 조금 빨리 돌아가도 됩니까?

少し早く帰ってもいいですか。

少し早く帰ってもいいですか。

少(すこ)し 조금
早(はや)く 일찍
帰(かえ)る 돌아가(오)다

□□□ 방에 들어가도 상관없다.

部屋に入ってもかまわない。

部屋に入ってもかまわない。

~てもいい와 비슷한 표현으로는 ~てもかまわない가 있다.

部屋(へや) 방
入(はい)る 들어가(오)다
かまう 상관하다, 관계하다

□□□ 자유롭게 사용해도 괜찮아요.

自由に使ってもかまいませんよ。

自由に使ってもかまいませんよ。

自由(じゆう)に 자유롭게
使(つか)う 사용하다, 쓰다
かまう 상관하다, 관계하다

A: 今日は少し早く帰ってもいいですか。

B: ええ、いいですよ。

A: 夜遅く、電話してもいいですか。

B: ええ、いつでもかまいません。

A: 오늘은 좀 일찍 돌아가도 됩니까?
B: 예, 좋아요.
A: 밤늦게 전화해도 됩니까?
B: 예, 언제든지 괜찮습니다.

今日(きょう) 오늘
少(すこ)し 조금
早(はや)く 일찍
帰(かえ)る 돌아가(오)다
いい 좋다
夜遅(よるおそ)く 밤늦게
電話(でんわ)する 전화하다
いつでも 언제든지
かまう 상관하다

UNIT 09 (동사)~なくてもいい

동사나 형용사 등 활용어의 부정형에 접속한 ~なくてもいい는 우리말의 '~하지 않아도 된다'는 뜻의 불필요의 표현을 만듭니다. 명사에 접속하여 단정을 나타내는 조동사 だ의 부정형인 ~で(は)ない에 ~で(は)なくてもいい는 '~이(가) 아니어도 된다'라는 뜻을 나타냅니다. 이와 비슷한 표현으로 ~なくてもかまわない(~하지 않아도 상관없다)가 있습니다.

□□□ 당신은 가지 않아도 됩니다.

あなたは行かなくてもいいです。

あなたは行かなくてもいいです。

> ~なくてもいい는 '~하지 않아도 된다'는 뜻의 불필요를 나타낸다.
>
> 行(い)く 가다

□□□ 앞으로 걱정하지 않아도 돼요.

これから心配しなくてもいいですよ。

これから心配しなくてもいいですよ。

> これから 이제부터
> 心配(しんぱい)する 걱정하다

□□□ 오늘은 요리를 하지 않아도 됩니다.

今日は料理をしなくてもいいです。

今日は料理をしなくてもいいです。

> 今日(きょう) 오늘
> 料理(りょうり) 요리

□□□ 당신은 오지 않아도 상관없다.

あなたは来なくてもかまわない。

あなたは来なくてもかまわない。

> ~なくてもかまわない
> ~하지 않아도 상관없다
>
> 来(く)る 오다
> かまう 상관하다

UNIT 09 〜하지 않아도 된다 | 127

□□□ 룸에 욕실은 딸려 있지 않아도 괜찮습니다.

ルームにお風呂は付いていなくてもかまいません。

ルームにお風呂は付いていなくてもかまいません。

付いている 딸려 있다

ルーム 룸
お風呂(ふろ) 목욕통, 목욕물
付(つ)く 붙다

□□□ 현금으로 보내지 않아도 상관없습니다.

現金で送らなくてもかまいません。

現金で送らなくてもかまいません。

現金(げんきん) 현금
送(おく)る 보내다

A: 結婚式には、何を着ますか。

B: 洋服を着てもいいです。

A: 着物は着ませんか。

B: はい、着物は着なくてもいいです。

A: 결혼식에는 무엇을 입습니까?
B: 양복을 입어도 됩니다.
A: 기모노는 입지 않습니까?
B: 네, 기모노는 입지 않아도 됩니다.

結婚式(けっこんしき) 결혼식
着(き)る 입다
洋服(ようふく) (서양) 옷
着物(きもの) 기모노(일본 전통 옷)

UNIT 10 (동사)~てはいけない

동사의 て형에 いけない를 접속한 ~てはいけない는 '~해서는 안된다'라는 뜻으로 상대방의 어떤 행위를 강하게 금지하는 표현이 됩니다. 정중하게 금지하고자 할 때는 ~ないでください(~하지 마세요)를 쓰는 것이 좋습니다. 또한 동사의 て형에 조사 なる(되다)의 부정형인 ならない가 접속한 ~てはならない는 ~てはいけない보다 객관적인 금지를 나타냅니다.

□□□ 수업에 늦어서는 안 됩니다.

授業に遅れてはいけません。

授業に遅れてはいけません。

> ~てはいけない는 어떤 행위를 강하게 금지하는 표현이 된다.

授業(じゅぎょう) 수업
遅(おく)**れる** 늦다

□□□ 여기서 잡담을 해서는 안 된다.

ここでおしゃべりをしてはいけない。

ここでおしゃべりをしてはいけない。

> '안 된다'의 뜻을 가지 いけない의 정중체는 いけません이다.

おしゃべりをする 잡담을 하다, 수다를 떨다

□□□ 일을 게을리 해서는 안 되어요.

仕事をなまけてはいけませんよ。

仕事をなまけてはいけませんよ。

仕事(しごと) 일
なまける 게을리 하다

□□□ 여기서는 사진을 찍어서는 안 됩니다.

ここでは写真を撮ってはいけません。

ここでは写真を撮ってはいけません。

写真を撮る 사진을 찍다

ここでは 여기서는
写真(しゃしん) 사진
撮(と)**る** 찍다

UNIT 10 ~해서는 안된다

□□□ 사람은 거짓말을 해서는 안 된다.

人はうそを言ってはならない。

人はうそを言ってはならない。

 ~てはならない는 객관적인 강한 금지를 나타낼 때 쓰인다.

人(ひと) 사람
うそ 거짓말
言(い)う (말)하다

□□□ 아이를 괴롭혀서는 안 됩니다.

子供をいじめてはなりません。

子供をいじめてはなりません。

子供(こども) 어린이
いじめる 괴롭히다

A: ここで写真を撮ってもいいですか。

B: はい、撮ってもかまいません。

A: ライトを使ってもいいですか。

B: いいえ、ここではライトを使ってはいけません。

A: 여기서 사진을 찍어도 됩니까?
B: 네, 찍어도 상관없습니다.
A: 라이트를 사용해도 됩니까?
B: 아니오, 여기서는 라이트를 사용해서는 안 됩니다.

写真を撮る 사진을 찍다
ライト 라이트
使(つか)う 사용하다, 쓰다
ここでは 여기서는

▎우리말 해석을 보고 빈칸에 알맞는 일본어를 써넣으세요.

01. 껍질을 벗기지 않고 사과를 먹습니다.
皮を [　][　][　][　][　] りんごを食べます。

02. 울지 말고 이유를 말해요.
[　][　][　][　][　]、わけを話してよ。

03. 잘 자지 못해서 잠이 부족합니다.
よく [　][　][　][　][　]、寝不足です。

04. 운동을 하지 않아서 몸이 나빠졌습니다.
運動を [　][　][　][　]、体が悪くなりました。

05. 사진을 찍어도 됩니까?
写真を [　][　][　][　][　][　][　][　] か。

06. 자유롭게 사용해도 괜찮아요.
自由に [　][　][　][　][　][　][　][　][　] よ。

07. 당신은 가지 않아도 됩니다.
あなたは [　][　][　][　][　][　][　] です。

08. 당신은 오지 않아도 상관없다.
あなたは [　][　][　][　][　][　][　][　][　]。

09. 여기서 잡담을 해서는 안 된다.
ここでおしゃべりを [　][　][　][　][　][　]。

10. 아이를 괴롭혀서는 안 됩니다.
子供を [　][　][　][　][　][　][　][　]。

우리말 대화문을 보고 밑줄에 일본어를 넣어 대화를 완성해보세요.

A: 今日も雨なの？
B: うん、雨なのに、_____

A: 오늘도 비가 오니?
B: 응, 비가 오는데도 우산도 안 가지고 나갔어.

A: 命に_____
B: 不幸中の幸いだった。

A: 목숨은 잃지 않아서 다행이야.
B: 불행 중 다행이었어.

A: 今日は_____
B: ええ、いいですよ。

A: 오늘은 좀 일찍 돌아가도 됩니까?
B: 예, 좋아요.

A: 着物は着ませんか。
B: はい、着物は_____

A: 기모노는 입지 않습니까?
B: 네, 기모노는 입지 않아도 됩니다.

A: ライトを使ってもいいですか。
B: いいえ、_____

A: 라이트를 사용해도 됩니까?
B: 아니오, 여기서는 라이트를 사용해서는 안 됩니다.

UNIT 11 (동사)~なさい

なさいは 존경의 뜻을 가진 동사 なさる(하시다)의 명령형으로 쓰는 범위는 어린이나 친근한 손아랫사람에게 가벼운 명령을 하거나 요구를 할 때 쓰입니다. 또한 なさい는 동사에 ます가 접속하는 형태에 이어주면 됩니다. 좀더 정중하게 말할 때는 존경의 접두어 お를 접속한 お~なさい의 형태로 말합니다.
行く → 行きなさい, 食べる → 食べなさい, する → しなさい

□□□ 더 쉬거라.

もっと休みなさい。

もっと休みなさい。

> なさい는 어린이나 친한 아랫사람에게 쓸 수 있는 말로 가벼운 명령이나 요구를 나타낸다.

もっと 더욱
休(やす)む 쉬다

□□□ 내일은 일찍 오거라.

あしたは早く来なさい。

あしたは早く来なさい。

> 가벼운 요구를 나타내는 なさい는 동사의 ます형에 접속한다.

あした 내일
早(はや)く 일찍
来(く)る 오다

□□□ 더 똑똑히 공부해라.

もっとしっかり勉強しなさい。

もっとしっかり勉強しなさい。

もっと 더욱, 더
しっかり 단단히, 똑똑히, 확고히
勉強(べんきょう)する 공부하다

□□□ 더 큰 소리로 말해라.

もっと大きな声で言いなさい。

もっと大きな声で言いなさい。

もっと 더욱, 더
大(おお)きな 커다란
声(こえ)で 소리로
言(い)う (말)하다

UNIT 11 ~하거라 | 133

□□□ 자기 전에는 이를 닦아라.

寝る前には歯を磨きなさい。

寝る前には歯を磨きなさい。

歯を磨く 이를 닦다

寝(ね)る 자다
前(まえ)には 전에는
歯(は) 이
磨(みが)く 닦다, 갈다

□□□ 밥을 먹고 나서 약을 먹어라.

ご飯を食べてから薬を飲みなさい。

ご飯を食べてから薬を飲みなさい。

ご飯(はん) 밥
食(た)べる 먹다
薬(くすり) 약
飲(の)む 마시다

A: いつ薬を飲みますか。

B: 食後に薬を飲みなさい。

A: ご飯はあまり食べたくないです。

B: だめ、残さないで全部食べなさい。

A: 언제 약을 먹어요?
B: 식후에 약을 먹어라.
A: 밥은 별로 먹고 싶지 않아요.
B: 안 돼, 남기지 말고 전부 먹어라.

'약을 먹다'라고 할 때 우리말로 직역하여 食(た)べる라고 하지 않도록 한다.

いつ 언제
薬を飲む 약을 먹다
食後(しょくご) 식후
ご飯(はん) 밥
あまり 그다지, 별로
食(た)べる 먹다
だめだ 안된다
残(のこ)す 남기다
全部(ぜんぶ) 전부

UNIT 12 (동사)~てください

동사의 ます형에 なさい를 접속하면 가벼운 명령이나 요구를 나타내지만, 동사의 て형에 ください를 접속한 ~てください는 우리말의 '~해 주세요'의 뜻으로 의뢰나 요구, 지시, 명령 등을 나타냅니다. 반면 くれる(주다)의 명령형 くれ가 접속한 ~てくれ는 '~해 줘'의 뜻으로 강한 명령이나 요구를 나타냅니다.

□□□ 여기에 주소를 적어 주세요.

ここに住所を書いてください。

ここに住所を書いてください。

> ~てください는 '~해 주세요'의 뜻으로 의뢰나 요구를 나타낸다.
>
> ここに 여기에
> 住所(じゅうしょ) 주소
> 書(か)く 쓰다

□□□ 다시 한 번 말해 주세요.

もう一度話してください。

もう一度話してください。

> もう 더, 벌써
> 一度(いちど) 한 번
> 話(はな)す 이야기하다

□□□ 테이블도 치워 주세요.

テーブルも片付けてください。

テーブルも片付けてください。

> テーブル 테이블
> 片付(かたづ)ける 치우다

□□□ 다리를 벌리고 서 주세요.

あしを開いて立ってください。

あしを開いて立ってください。

> あし(脚) 다리
> 開(ひら)く 열다, 벌리다
> 立(た)つ 서다

UNIT 12 ~해 주세요 | 135

□□□ 구급차를 불러 주세요.

救急車を呼んでください。

救急車を呼んでください。

救急車(きゅうきゅうしゃ) 구급차
呼(よ)ぶ 부르다

□□□ 여러분, 조용히 해 주세요.

皆さん、静かにしてください。

皆さん、静かにしてください。

静かにする 조용히 하다

皆(みな)さん 여러분
静(しず)かだ 조용하다

A: ただいま。

B: おかえり。部屋を片付けなさい。

A: はい。お母さん、部屋の掃除を手伝ってくださいよ。

B: 自分のことは自分でしなさい。

A: 다녀왔습니다.
B: 어서 오렴. 방을 치워라.
A: 네. 엄마, 방 청소를 거들어주세요.
B: 네 일은 스스로 해라.

ただいま 다녀왔을 때 인사
おかえり 맞이할 때 인사
部屋(へや) 방
片付(かたづ)ける 치우다, 정리하다
お母(かあ)さん 어머니
掃除(そうじ) 청소
手伝(てつだ)う 거들다
自分(じぶん) 자신
こと 일, 것
自分(じぶん)で 스스로

UNIT 13 お~ください

앞서 배운 것처럼 상대방에 대한 권유나 의뢰를 나타낼 때는 보통 ~てください의 표현을 쓰지만, 손윗사람에게나 정중한 장면에서는 'お+동사의 ます형+ください'의 형태의 표현을 씁니다. 의뢰나 요구, 명령을 나타내는 표현을 정중 정도에 따라 지금까지 배운 것을 보면 ~てくれ → なさい → お~なさい → ~てください → お~ください로 분류할 수 있습니다.

□□□ 이 약을 드십시오.

この薬をお飲みください。

この薬をお飲みください。

> 상대방에 대한 권유나 의뢰를 나타낼 때는 보통 ~てください를 쓰지만, 손윗사람이나 정중한 장면에서는 'お+동사의 ます형+ください'를 쓴다.

薬(くすり) 약
飲(の)む 마시다

□□□ 자, 안으로 들어가십시오.

どうぞ、中にお入りください。

どうぞ、中にお入りください。

> 접두어 お는 미화어와 존경의 의미로 명사 앞에 붙여 쓴다.

どうぞ 자, 어서
中(なか)に 안에
入(はい)る 들어가(오)다

□□□ 카드에 이름을 적으십시오.

カードにお名前をお書きください。

カードにお名前をお書きください。

カード 카드
お名前(なまえ) 이름
書(か)く 쓰다

□□□ 저희 집에 묵으십시오.

うちにお泊まりください。

うちにお泊まりください。

うちに 집에
泊(と)まる 머무르다

UNIT 13 ~해 주십시오 | 137

□□□ 10시까지 모여 주십시오.

10時までにお集まりください。

10時までにお集まりください。

~までに 어떤 시점까지 완료해야 하는 기한을 나타낸다.

10時(じゅうじ)までに 10시까지
集(あつ)まる 모이다

□□□ 집에서 푹 쉬십시오.

家でぐっすりお休みください。

家でぐっすりお休みください。

家(いえ)で 집에서
ぐっすり 푹
休(やす)む 쉬다

A: お好きなドレッシングをお選びください。

B: そうですね。じゃあ、これをください。

A: この料理におかけください。

B: はい、どうもありがとう。

A: 좋아하시는 드레싱을 고르십시오.
B: 그렇군요. 그럼, 이것을 주세요.
A: 이 요리에 뿌리십시오.
B: 네, 고맙습니다.

好(す)きだ 좋아하다
ドレッシング 드레싱
選(えら)ぶ 고르다
料理(りょうり) 요리
かける 뿌리다, 걸치다
どうも 무척
ありがとう 고맙다

UNIT 14 (동사)~ないでください

동사의 부정형에 ~でください가 접속한 ~ないでください는 우리말의 '~하지 마세요'라는 뜻으로 부정의 의뢰나 요구, 주의, 지시, 금지를 나타냅니다. ~なくてください라고 하지 않도록 주의해야 합니다. 또한 ~ないでほしい(~하지 말길 바래), ~ないでくれ(하지 말아줘), ~ないでよ(~하지 마요), ~ないでね(~하지 말아)의 표현으로 가벼운 금지를 나타내기도 합니다.

□□□ 학교를 쉬지 마세요.

学校を休まないでください。

学校を休まないでください。

> 동사의 부정형에 접속하는 ~ないでください는 '~하지 마세요'의 뜻으로 정중한 금지의 요구를 나타낸다.

学校(がっこう) 학교
休(やす)**む** 쉬다

□□□ 창문을 닫지 마세요.

窓を閉めないでください。

窓を閉めないでください。

窓(まど) 창문
閉(し)**める** 닫다

□□□ 이 안에 들어가지 마세요.

この中に入らないでください。

この中に入らないでください。

中(なか)**に** 안에
入(はい)**る** 들어가(오)다

□□□ 아무에게도 말하지 마세요.

誰にも言わないでください。

誰にも言わないでください。

> 5단동사 어미가 う인 경우는 -あない가 아니라 -わない이다.

誰(だれ)**にも** 아무에게도
言(い)**う** (말)하다

UNIT 14 ~하지 마세요 | 139

☐☐☐ 자리를 뜨지 마세요.

席を立たないでください。

席を立たないでください。

席を立つ 자리를 뜨다

席(せき) 자리
立(た)つ 서다

☐☐☐ 복도에서는 뛰지 마세요.

廊下では走らないでください。

廊下では走らないでください。

廊下(ろうか)では 복도에서는
走(はし)る 달리다

A: 皆(みな)さん、ここに入(はい)らないでください。

B: ここは立入禁止(たちいりきんし)の区域(くいき)ですか。

A: はい、ここでは写真(しゃしん)も撮(と)らないでください。

B: はい、わかりました。

A: 여러분, 여기에 들어오지 마세요.
B: 여기는 출입금지 구역입니까?
A: 네, 여기서는 사진도 찍지 마세요.
B: 네, 알겠습니다.

皆(みな)さん 여러분
ここに 여기에
入(はい)る 들어가(오)다
立入禁止(たちいりきんし) 출입금지
区域(くいき) 구역
ここでは 여기서는
写真も撮る 사진을 찍다
わかる 알다

UNIT 15 (동사)~てほしい

동사의 て형에 바람을 나타내는 ほしい를 접속한 ~てほしい의 형태는 우리말의 '~해 주었으면 한다'의 뜻으로 말하는 사람의 바람이나 희망, 욕구를 나타냅니다. ほしい는 형용사이므로 정중하게 말할 때는 です를 접속하여 ~てほしいです로 나타냅니다. 명사에 접속할 때는 ~がほしい의 형태로 '~을(를) 갖고 싶다'는 뜻이 되며 갖고 싶은 대상물에 조사 を를 쓰지 않습니다.

□□□ 성실하게 일을 해주었으면 한다.

真面目に仕事をしてほしい。

真面目に仕事をしてほしい。

> ~てほしい는 '~해 주었으면 한다'는 뜻으로 말하는 사람의 희망이나 욕구를 나타낸다.
>
> 真面目(まじめ)に 성실하게
> 仕事(しごと) 일
> する 하다

□□□ 약속은 꼭 지켜주었으면 한다.

約束はしっかり守ってほしい。

約束はしっかり守ってほしい。

> 約束を守る 약속을 지키다
>
> 約束(やくそく) 약속
> しっかり 확실히, 단단히
> 守(まも)る 지키다

□□□ 봉급을 올려주었으면 합니다.

給料を上げてほしいです。

給料を上げてほしいです。

> ほしい(갖고 싶다)는 형용사 활용을 한다.
>
> 給料(きゅうりょう) 급료, 급여
> 上(あ)げる 올리다

□□□ 이 기계의 사용법을 가르쳐 주었으면 합니다만.

この機械の使い方を教えてほしいんですが。

この機械の使い方を教えてほしいんですが。

> ~のです는 어감을 강조할 때 쓰이며 줄여서 ~んです로 표현한다.
>
> 機械(きかい) 기계
> 使い方(つかいかた) 사용법
> 教(おし)える 가르치다
> ~が ~하지만(접속조사)

UNIT 15 ~해주었으면 한다 | 141

□□□ 언제나 건강하게 지냈으면 좋겠군요.

いつも健康でいてほしいですね。

いつも健康でいてほしいですね。

いつも 늘, 항상
健康(けんこう)でいる 건강히 지내다

□□□ 언제 우리 집에 놀러 왔으면 합니다.

いつか私のうちへ遊びに来てほしいですね。

いつか私のうちへ遊びに来てほしいですね。

いつか 언젠가
私(わたし)のうちへ 우리집에, 내가 있는 곳
遊(あそ)ぶ 놀다
来(く)る 오다

A: すみませんが、ここに来てほしいんですが。

B: 何のご用がありますか。

A: 仕事のため、話したいですが。

B: はい、今すぐ行きます。

A: 미안하지만, 여기로 와 주었으면 하는데요.
B: 무슨 용무가 있습니까?
A: 일 때문에 이야기하고 싶은데요.
B: 네, 지금 곧 가겠습니다.

すみません은 사죄의 표현으로 접속조사 が를 붙이면 '미안하지만'의 뜻이 된다.

すみません 미안합니다
ここに 여기에
来(く)る 오다
何(なん)の 무슨
ご用(よう) 용무
仕事のため 일 때문에
話(はな)す 이야기하다
今(いま)すぐ 지금 곧
行(い)く 가다

UNIT 16 ~でしょう

~です의 추측형인 ~でしょう는 추측을 나타내기도 하고, 상대방에게 확인하거나, 자기가 말한 것에 대해 상대방의 동의를 구할 때도 쓰입니다. 종조사 か가 접속한 ~でしょうか는 '~할(일)까요?'의 뜻이 됩니다. 앞서 이미 배운 것처럼 조동사 です는 ~でした, ~ではありません, ~ではありませんでした, ~で(も) 등으로 활용을 합니다.

□□□ 그는 분명 훌륭한 의사가 될 것입니다.

彼はきっといい医者になるでしょう。

彼はきっといい医者になるでしょう。

> ~でしょう는 ~です의 추측형이다.

彼(かれ) 그, 그이
きっと 꼭, 분명히
いい 좋다
医者(いしゃ) 의사
~になる ~이(가) 되다

□□□ 교실에는 아무도 없겠지요?

教室には誰もいないでしょう。

教室には誰もいないでしょう。

> ~でしょう의 끝을 올려 말하면 확인하는 표현이 된다.

教室(きょうしつ) 교실
誰(だれ)も 아무도
いる 있다

□□□ 한국요리는 더 매울 거예요.

韓国料理はもっと辛いでしょう。

韓国料理はもっと辛いでしょう。

韓国(かんこく) 한국
料理(りょうり) 요리
もっと 더욱
辛(から)い 맵다

□□□ 내일도 비가 올 거예요.

あしたも雨でしょう。

あしたも雨でしょう。

> 雨でしょう
> = 雨が降るでしょう

あした 내일
雨(あめ) 비

UNIT 16 ~이(하)겠지요 | 143

☐☐☐ 달님도 잘 보이겠지요.

お月さまもよく見えるでしょう。

お月さまもよく見えるでしょう。

💬 さま는 さん의 높임말로 우리말의 '님'에 해당한다.

お月(つき)さま 달님
よく 잘
見(み)える 보이다

☐☐☐ 내일도 더워질까요?

あしたも暑くなるでしょうか。

あしたも暑くなるでしょうか。

💬 ~でしょうか는 정중한 추측의 의문을 나타낸다.

あした 내일
暑(あつ)くなる 더워지다

A: あしたの試合(しあい)はどうなるんでしょうか。

B: そうですね。あした分(わ)かるでしょう。

A: まだ試合(しあい)の切符(きっぷ)はあるんでしょうか。

B: さあ、あるかどうか電話(でんわ)してみます。

A: 내일 시합은 어떻게 될까요?
B: 글쎄요. 내일 알 수 있겠죠.
A: 아직 시합 표는 있을까요?
B: 글쎄, 있는지 없는지 전화해보겠습니다.

💬 あるんでしょうか는 あるのでしょうか를 줄인 말이다.

試合(しあい) 시합
どうなる 어떻게 되다
分(わ)かる 알 수 있다
まだ 아직
切符(きっぷ) 표
さあ 글쎄
あるかどうか 있는지 없는지
電話(でんわ)する 전화하다
~てみる ~해보다

▎우리말 해석을 보고 빈칸에 알맞는 일본어를 써넣으세요.

01. 내일은 일찍 오거라.
    あしたは早く　□□□□。

02. 밥을 먹고 나서 약을 먹어라.
    ご飯を食べてから薬を　□□□□□。

03. 다시 한 번 말해 주세요.
    もう一度　□□□□□□□。

04. 구급차를 불러 주세요.
    救急車を　□□□□□□。

05. 이 약을 드십시오.
    この薬を　□　飲み　□□□□。

06. 집에서 푹 쉬십시오.
    家でぐっすり　□　休み　□□□□。

07. 창문을 닫지 마세요.
    窓を閉め　□□□□□□□。

08. 아무에게도 말하지 마세요.
    誰にも言わ　□□□□□□□。

09. 약속은 꼭 지켜주었으면 한다.
    約束はしっかり守っ　□□□□。

10. 언제나 건강하게 지냈으면 좋겠군요.
    いつも健康でい　□□□□ですね。

우리말 대화문을 보고 밑줄에 일본어를 넣어 대화를 완성해보세요.

A: いつ薬を飲みますか。
B: 食後に _____

A: 언제 약을 먹어요?
B: 식후에 약을 먹어라.

A: お母さん、_____
B: 自分のことは自分でしなさい。

A: 엄마, 방 청소를 거들어주세요.
B: 네 일은 스스로 해라.

A: お好きな _____
B: そうですね。じゃあ、これをください。

A: 좋아하시는 드레싱을 고르십시오.
B: 그렇군요. 그럼, 이것을 주세요.

A: 皆さん、_____
B: ここは立入禁止の区域ですか。

A: 여러분, 여기에 들어오지 마세요.
B: 여기는 출입금지 구역입니까?

A: すみませんが、_____
B: 何のご用がありますか。

A: 미안하지만, 여기로 와 주었으면 하는데요.
B: 무슨 용무가 있습니까?

일본한자의 신자체

일본은 상용한자의 자체**字体**를 만들어 글자의 점이나 획의 복잡함을 정리하여 그 표준을 정하였습니다. 이것을 신자체**新字体**라고도 하며, 약 500여자가 약자화**略字化** 또는 변형화**変形化**, 증자화**増字化**되었습니다. 따라서 일본어 한자 표기는 반드시 일본에서 제정한 일본식 신자체를 써야 하며, 우리가 쓰고 있는 정자체**正字体**를 쓰면 안 됩니다.

주요 신자체(新字体) 왼쪽이 정자 오른쪽이 신자체

假 · 仮	單 · 単	辯 · 弁	專 · 専
覺 · 覚	斷 · 断	寶 · 宝	戰 · 戦
擧 · 挙	當 · 当	佛 · 仏	錢 · 銭
檢 · 検	黨 · 党	拂 · 払	轉 · 転
劍 · 剣	對 · 対	澁 · 渋	從 · 従
經 · 経	臺 · 台	續 · 続	晝 · 昼
輕 · 軽	圖 · 図	實 · 実	遲 · 遅
繼 · 続	燈 · 灯	亞 · 亜	參 · 参
鷄 · 鶏	藥 · 薬	兒 · 児	賤 · 賎
關 · 関	來 · 来	嶽 · 岳	鐵 · 鉄
觀 · 観	兩 · 両	壓 · 圧	廳 · 庁
廣 · 広	歷 · 歴	樂 · 楽	體 · 体
敎 · 教	戀 · 恋	與 · 与	總 · 総
區 · 区	禮 · 礼	驛 · 駅	醉 · 酔
殿 · 殴	勞 · 労	榮 · 栄	齒 · 歯
國 · 国	綠 · 緑	藝 · 芸	寢 · 寝
勸 · 勧	龍 · 竜	譽 · 誉	學 · 学
氣 · 気	萬 · 万	醫 · 医	漢 · 漢
惱 · 悩	賣 · 売	雜 · 雑	歡 · 歓
腦 · 脳	發 · 発	將 · 将	劃 · 画